封印された問題作品

清水有司

彩図社

はじめに

現代人にかかせないメディアとして、映画、音楽、書籍、絵画がある。私たちは、これらのメディアから平和裏に好きな作品にアクセスして楽しむことができるが、実はそれらの作品のなかには、過去に深刻なトラブルに巻き込まれ、封印されていたものがある。なかには、そのトラブルが解決されず、いまだ世間の無関心のなかで埋もれ、封印されているものもある。

いわゆる「封印された問題作品」というやつだ。

本書は、それら古今東西の封印された問題作品を扱う。映画、音楽、書籍、絵画のそれぞれのメディアから封印作品を集め、一種の封印カタログとした。

「第1章　封印された映画」には、州知事暗殺未遂事件を引き起こした『時計じかけのオレンジ』、撮影中に死亡事故が発生した『東方見聞録』『トワイライトゾーン』、さまざまな圧力から上映中止騒動が起きた『ブラック・サンデー』『ザ・コーヴ』などが並ぶ。

「第2章　封印された音楽」には、反体制的メッセージで放禁・発禁となった『アナーキー・イン・ザ・UK』『世界革命戦争宣言』、平和思想のために放禁になった『イマジン』、大量自殺を引き起こしたとされる『暗い日曜日』、独裁的権力によって封印された『マクベス夫人』『真夏の夜の夢』、戦犯にされた『桃太郎』などが並ぶ。

「第3章　封印された書籍」には、宗教・体制批判的表現で著者が弾圧された『悪魔の詩』『蟹工船』『収容所群島』『08憲章』、猥褻表現で発禁となった『ふらんす物語』『ロリータ』『チャタレー夫人の恋人』、差別表現でトラブルとなった『アンクル・トムの小屋』『ちびくろサンボの物語』などが並ぶ。

「第4章　封印された絵画」には、イラク戦争に際し国連で封印された『ゲルニカ』、盗難によって封印された『モナ・リザ』『叫び』、原形を失った『ショパンの肖像』などが並ぶ。『巨人』については、ゴヤ作品としては正式に封印されている。また、封印解除で近ごろ世間を賑わした『アンギアーリの戦い』『世界の起源』にも迫る。

見ていただければわかるように、「封印された問題作品」には、名作や名画、名著とよばれるものが少なくない。

作品そのものも面白いが、政治・宗教の巨大権力への抵抗や、猥褻・差別・思想表現への大胆不敵な挑戦をめぐるエピソードは、それ以上に面白く、刺激的だ。

そこにあるのは、表現の自由の可能性をぎりぎりまで押し広げようとする、人類のあくなき闘争の軌跡なのかもしれない。

封印された問題作品　目次

第2章　封印された音楽

第3章　封印された書籍

第4章 封印された絵画

第1章
封印された映画

【FILM No.1】

時計じかけのオレンジ

【英国少年たちの暴力を誘発し、公開中止に！】

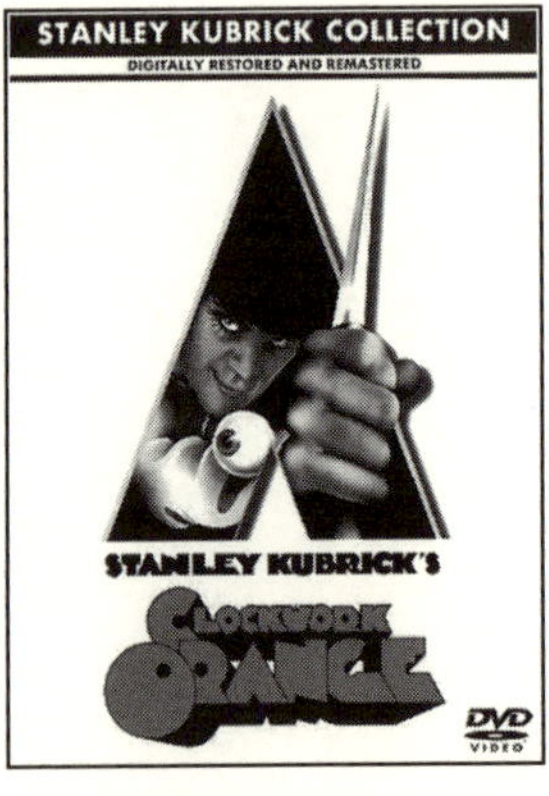

INFORMATION

1971年製作、1972年4月29日日本公開、配給／ワーナー・ブラザース、製作・監督・脚本／スタンリー・キューブリック、音楽／ウォルター・カーロス、出演／マルコム・マクダウェル、ほか（136分、カラー）

ティーンエイジャーの暴力映画

機械的に規則正しく過ぎてゆく近未来の高度管理社会。つまらない日常に退屈した少年アレックス（マルコム・マクダウェル）は、暴力と強姦とベートーベンに生きがいを求め、ありあまるエネルギーを発散する。

キューブリックの代表作『時計じかけのオレンジ』は、いつの時代も変わらないティーンエイジャーがもつ負のエネルギーをモチーフとした映画だ。

原作は1962年に発表されたアンソニー・バージェスの同名小説で、キューブリックは、バージェスが空想した近未来の管理社会をこのうえなく刺激的に描いてみせた。

不良少年グループには、白いオーバーオールと黒い山高帽、軍用ブーツというシュールなスタイルを与え、ミルク・プラス（ドラッグ入りミルク）を飲むバーにはエロチックな造形物をならべる。バックには、クラシックと電子音楽が混在した荘厳にして幻惑的な音色――。

バージェスは、キューブリックによる映画化を嫌っていたし、暴力を映像で直接的に見せることを心配していたが、試写の際、乱交プレーをコマ送りにするなど暴力を様式化して見せるキューブリックの演出にすっかり感心していた。

ワラスの遊説中の写真に写っていたアーサー・ブレマー（写真引用元：http://www5b.biglobe.ne.jp/%257Emadison/murder/text2/bremer.html）

それでも70年代の人々が受容するにはこの映画はあまりにも行き過ぎていたのだろう。映画は、アメリカやイギリスであらゆる事件を引き起こしている。

州知事暗殺未遂事件を誘発していた!?

アメリカでの公開は1972年2月2日。米国映画協会（MPAA）からハードコア・ポルノ映画にあたるX指定を受けての公開だった。乱交プレーをコマ送りにしたからといってX指定は外せないというわけだ。

公開直後には、アメリカの新聞社30社がX指定の映画の宣伝を拒否。名指しこそされなかったが『時計じかけのオレンジ』に対する閉め出しの意図は明らかで、これに対しキューブリックは「表現の自由を侵害するものだ」という主旨の手紙を新聞社に送りつけて物議をかもしている。

同年5月15日、大統領選挙のキャンペーンを行っていたアラバマ州知事のジョージ・ワラスが、アーサー・ブレマーという22歳の男に狙撃され下半身不随になるという事件が起きた。この事件で問題となったのは、ブレマーの車から発見された日記。

そこには「『時計じかけのオレンジ』を見て、その間ずっとワラスをやることを考えていた」と書かれていたのだ。彼は、アレックスのセリフにある「ウルトラ・バイオレンス」という言葉も使っていた。作品が現実の暴力を誘発したと見られてもおかしくないショッキングな事件だった。

ちなみに、キューブリックは同年10月に60日間上映を中止し、２つのシーンから露骨な性描写を30秒ずつ抜き取り、別の映像にさしかえているが、これは事件を受けてのことではなく、興行面を意識してのこと。X指定を解き、上映館を増やすのが狙いだったようである。

イギリスで上映禁止に

一方イギリスでは、英国映画検閲委員会が18歳未満の観客を制限するなか、１９７２年１月13日に公開。

イギリス人はもともと保守的な国民である。映画は、アメリカよりも冷ややかに受け入れられ、少年犯罪が起きれば映画のせいにされ、また実際に作品を想起させるような暴力事件が起きている。

「雨に唄えば」を歌う不良グループが旅行で訪れていた17歳のオランダ人少女を輪姦したり、16歳の少年が60歳のホームレスを死ぬまで蹴りつづけたり、アレックスと同じ格好をした16歳の少年が年下の少年を激しく殴打したり……。少年たちは明らかに映画を観ていて、供述に『時計じかけのオレンジ』の名があがることがしばしばだった。

キューブリックの映画は、イギリスの若者をそそのかしている――。

そんな世論に反論できなくなったキューブリックは、1973年8月、自主規制の形でイギリスでの配給を止めることにする。この思い切った決断の背景には、ロンドン郊外に住む彼のもとに抗議や脅迫の電話が殺到するようになり、家族に危害が及ぶことを恐れたことがあるようだ。上映禁止は実に27年余り続き、再び一般公開されたのはキューブリックの死後、2000年3月のことである。

【FILM No.2】

スパルタの海

【校長らの逮捕で、公開直前にオクラ入り】

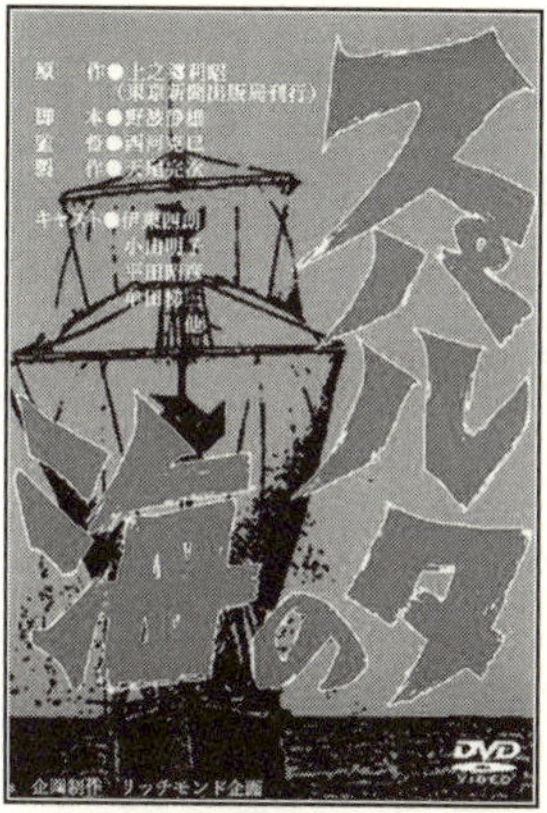

INFORMATION

1983年製作、未公開、製作／東和プロダクション、配給／東宝東和、監督／西河克己、脚本／野波静雄、原作／上之郷利昭、出演／伊東四朗、小山明子、平田昭彦、牟田悌三、ほか

（105分、カラー）

死亡者が出ても製作をする

太平洋横断単独レースで優勝経験のある戸塚宏が校長を務める戸塚ヨットスクール。もともとは一般の青少年向けのヨットスクールとして1976年に発足したものだ。

それが、あるとき全寮制の厳しい教育のなかで、非行少年が矯正されたことがきっかけで、不登校児童や非行少年の矯正を主眼とするスクールに生まれ変わり、世間から注目を浴びる存在となった。

ところが、過度の体罰により怪我人、脱走者、さらには死者まで出たことが明らかになり、「戸塚ヨットスクール事件」として社会問題化した。

本作は、この戸塚ヨットスクールを描いた作品である。

賛否両論あるものの世間的注目度は高く興行的には期待できる。

東宝東和は、西河克己を監督に、伊東四朗を主演に迎え、1億円を投じて製作することに。製作が検討されていた1982年12月に3人目の死亡者が出ていたが、結局は製作に踏み切った。

原作は、同校で寝泊まりして取材した上之郷利昭《かみのごうとしあき》の同名タイトルのノンフィクション。

上之郷の小説は新聞に連載されていたときから反響が大きく、すでに2件の死亡事故が起きていたにもかかわらず、これを読んだ親たちから子どもを預かってほしいという電話が殺到したという。

物語の軸になっているのは、校長の戸塚宏（伊東四朗）と訓練生の高校2年の俊平だ。家庭内暴力を起こしていた俊平は、両親の依頼で強引にスクールに連行され、あまりの暴れっぷりから「ウルフ」と呼ばれ、押し入れを改造した狭い牢獄のようなところに隔離される。包丁を振り回し火をつける俊平の暴力も尋常ではないが、大人たちの子どもへの体罰も容赦ない。殴る蹴るは当たり前で、気をぬいていると即刻海に突き落とされる。目をおおいたくなるほどの生々しい体罰シーンを完全に再現。その辺の生温い映画とはちがう。

体中に傷を負った俊平は、入浴時の隙をみて裸のまま警察に駆け込む。警察は両親に俊平の引き取りを求めるが、両親はこれを拒否。俊平は再び戸塚に託される。体罰を非難する警官に対し戸塚は、「じゃあ、お前のところで直せるのか」と一喝（もちろん警察は更生施設ではないが）。

戸塚ヨットスクールのやり方を口先で非難する者はごまんといるが、非行少年たちを救おうという者はいない。

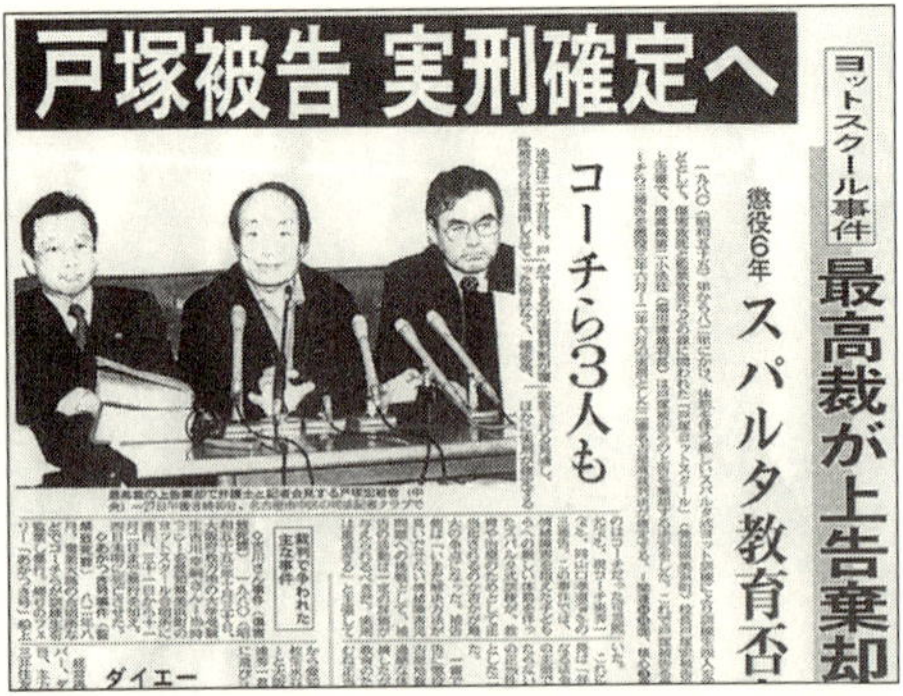
戸塚被告 実刑確定へ

ヨットスクール事件

最高裁が上告棄却

懲役6年 スパルタ教育否

コーチら3人も

ダイエー

ヨットスクール事件において、最高裁が被告の上告を退けたことを報じる新聞記事（写真引用元：中日新聞 2002 年 2 月 28 日）

作品全体を通してそんなメッセージが投げかけられている。

規律のある寮生活を送るなかで、淀んでいた俊平の目つきは次第にピュアな輝きを取り戻していく。先輩訓練生の出塾や口だけ達者な少年の入塾、俊平と訓練生の少女との恋。そんな日々のなかで、入塾したばかりの20歳の雄吉が就寝中に死亡してしまうのだが……。

傷害致死罪で起訴される

この映画、決してスクールのプロパガンダにはなっていない。生々しい体罰、死亡事故をめぐるエピソードも正面から描き切っている。

それとともに、少しずつ変化があらわれる子どもたちの表情が丁寧に描かれていて、そこに校長やコーチらの苦悩と喜びが交錯し、フィクションとしてもよくできている。

映画は1983年半ばまでには無事に完成し、同年9月には公開される予定だった。ところがタイミングを見計らったかのように、公開直前の6月13日、戸塚宏とコーチ14人が警察に連行されてしまう。警察は前年に起きた死亡事故に対し、それまでは過度の体罰による事故としていたものを、傷害致死として立件し、他の死亡事故とあわせて起訴したのである。

これをもって、東宝東和は公開を断念せざるをえなくなった。公開すれば世間からの厳しい批判が予想されたからだ。

その後はソフト化されることもなく、映画は完全にオクラ入りとなってしまった。大きな変化が訪れたのは2005年。「戸塚ヨットスクールを支援する会」が著作権を東宝東和から買い取ることで、ビデオ・DVD化が実現したのである。一部の映画館では上映が行われ、長い年月を経てその映像の全貌が明らかとなった。2012年にはアルバトロス・フィルムよりDVDが出て購入しやすくなった。

暴力、青春、海、風、死、すべてが渾然一体となった傑作である。映画ファンなら必見だ。

【FILM №3】

東方見聞録

【エキストラの溺死で公開中止、会社は倒産】

INFORMATION

1992年製作、未公開、未配給、製作／ディレクターズ・カンパニー、監督／井筒和幸、脚本／高橋洋、井筒和幸、音楽／千住明、出演／緒形直人、設楽りさ子、筒井道隆、フランキー堺、柴俊夫、ほか（123分、カラー）

コミカルな等身大の時代劇

井筒和幸監督の作品である。

戦国時代における財宝の争奪戦という架空の話をつづった『東方見聞録』。

ある滝のなかにあるという埋蔵金をめぐって、時政と時貞の兄弟（フランキー堺が一人二役）、足軽の福助（緒形直人）、万次郎（筒井道隆）、お姫様の時姫（設楽りさ子）、武将の勝又三郎左（柴俊夫）、それに浜に流れ着いたポルトガルの騎士（ケント・デリカット）らが、激しい駆け引きを展開する。

時代劇ではあるが、登場人物が使うのは現代の言葉で、足軽同士の合戦シーンで死んだふりをして生き延びようとする者がいたり、城が陥落しようとしているのに自害しないお姫様がいたり、またそのお姫様は健康的な足を露出するミニスカートのようなファッションをしていたり、コミカルで等身大の時代劇となっている。

この現代風のアレンジをどう受け取るかで、好き嫌いがわかれるところではあるが、井筒監督の真骨頂である活気ある群像劇は存分に楽しめる。

多くの個性派俳優の演技は、即興の舞台演劇を見るようで、素のままの人間味がにじみ出ている。

そして、機械仕掛けの竜神様とCGによる竜神様がクライマックスを盛り上げる。

このデザインにも賛否両論あるところだろうが、その手作り感を素直に楽しんでみるのがいいだろう。

水深2メートルの滝壺で最悪の事故が起こる

実はこの映画、劇場公開されていない。日本映画史上最悪の事故が起きたからだ。

『東方見聞録』の製作はディレクターズ・カンパニー。略してディレカン。製作費として8億円もの大金を集めた。ところがディレカンの社長は、それまでたまっていた負債の返済としてそのうちの4億円を使ってしまった。そのため、実際には4億円の資金で製作された。

静岡県駿東郡《すんとうぐん》小山町上野の奥の沢に、3ヶ月かけて建造された巨大な滝壺のオープンセットだけでも3億円が投じられているから、残りは1億円。はじめから資金難に陥り、200人を超える出演者の滞在先はプレハブ小屋で妥協してもらっている。

撮影そのものは、雨にたたられながらも順調にすすめられた。高さ10メートル、水深2メートル、オートシステムで水が自由に流れるリアルな滝壺もうまく機能していた。ところが、撮影も半ばにさしかかった1991年9月22日、足軽がこの滝壺に落ちるシーンの撮影中に事故が起きた。

あるエキストラが、総重量約8キロある鎧を着せられ、手を縛られた状態で水に入れられる。ワンテイク終了後、彼は岸に戻ってこようとしたが、深みにはまって溺れてしまう。周囲のスタッフは単なる転倒と見過ごして救助が遅れた。病院に運ばれたときには意識不明の重体。翌日、死亡した——。

撮影中の死亡事故。安全管理責任を問われた井筒監督と助監督は書類送検される。

これですっかり撮影意欲を失った井筒監督だったが、周囲の励ましもあって撮影はつづけることに。事故調査後にセットは解体処分となったため、スタジオに即席のセットを組んで撮影し、一応作品は完成させる。

しかし、事故がすでに大きな社会問題となっていたことから、1992年5月18日に予定されていた劇場公開は中止に追い込まれた。

裁判に敗訴　3000万円以上の補償金

これによってディレカンは製作資金を回収できなくなり、多額の負債を抱えて同年に倒産。

俳優やスタッフへのギャラもなし。

これで終わりではない。事故死したエキストラの遺族が起こした裁判で、井筒監督側は敗訴。ディレカンも倒産したいま、3000万円以上の遺族への補償金は井筒ひとりの肩にのしかかった。頭金の1500万円は、貯金をすべて吐き出し、友人たちから金を借りてそろえたといわれている。

その後、井筒監督は、CMからカラオケビデオまで、くる仕事はすべて何でもすることになる。この頃からテレビ出演が増えたのも、補償金を支払うためだったのである。

これだけの不幸にたたられた映画だが、ソフト化されていることが唯一の救いだろう。

フィルムは債権者による差し押さえにあったが、1993年8月1日にどうにかビデオリリースされ、2001年にはDVDもリリースされている。

【FILM No.4】

一九〇五

【尖閣諸島問題で期待の日中合作が幻と消える】

（上）現在は削除された映画のホームページ

INFORMATION

未製作、未公開、監督／黒沢清、出演／トニー・レオン、松田翔太、前田敦子、ほか

トニー・レオン×黒沢清

2012年9月、『一九〇五』の製作が発表された。トニー・レオン主演の黒沢清監督作品とあって、昨今のアジア映画を追いかけてきた人なら、本当に実現するのか、と疑いたくなるような夢のような企画だった。

Vシネマで低予算映画を量産してきた黒沢監督は、90年代後半、『CURE』(1997)、『カリスマ』(1999)、『回路』(2001)など、作家性の高いサスペンス映画で世界的な評価を得た。家族の崩壊と再生を描いた『トウキョウソナタ』(2008)は近年の代表作。カンヌ映画祭でも審査委員賞を受賞しているが、フランスでは教養として必ずといっていいほど話題になる。

そんな、カリスマ映画作家として敬愛されている黒沢監督が、トニー・レオンを主演に迎えたというのは、一種の事件だった。

トニー・レオンの国際的な評価が高まったのも、黒沢監督が評価を高めた時期とほぼ重なる。『欲望の翼』(1990)、『恋する惑星』(1994)、『ブエノスアイレス』(1997)、『花様年華』(2000)という、一連のウォン・カーウァイ監督作品で、アジアを代表する俳優の

1人となった。

ということで、『一九〇五』は、業界関係者の思惑が働いたのか、AKB48を卒業した前田敦子の出演も決まり、別の方面から関心が高まったが、映画ファンにしてみれば、それはどうでもいい話だったのである。

製作・配給のプレノンアッシュが破産

肝心のストーリーは、1905年の横浜が舞台。トニー扮する高利貸しのヤン・ユンロンが、貸した金の取り立てのため、5人の男を追って日本にやってくる。時を同じくして、松田翔太扮する加藤保は、中国人革命家とされるその5人の男を強制送還する任務を命じられる。目的は異なるが利害が一致した2人は、協力して5人を追うようになる……。

帝国主義というグローバリズムが押し寄せる激動の時代に生きる人々の希望や絶望を描くという意味で、現代の問題に通じるテーマがあった。

クランクインは同年11月の予定で、2013年5月のカンヌ映画祭出品も視野に入れる、という話もあった。

ところが、2月中旬、突然発表されたのは製作中止だった。何が起きたのか？

報道によると、尖閣諸島問題によって中国で反日運動が高まり、トニー・レオンの日本映画への参加が中国で問題視されるようになり、製作が頓挫したという。それによって製作・配給会社のプレノンアッシュの資金繰りが悪化し、会社は、東京地裁より負債約6億円の破産手続き決定を受け、映画は幻と消えた。

プレノンアッシュといえば、ウォン・カーウァイ、ツァイ・ミンリャンなどアジアの映像作家のほか、ジャン＝リュック・ゴダールやエリック・ロメールなど、世界的な重要な作品を配給して成功してきた配給・製作会社である。

しかし、帝国データバンクの情報によると、1998年10月期の年商は約6億2500万円を計上していたが、2012年10月期には約8000万円にまで落ち込み、赤字となっていた。

そんななか、半ば見切り発車で発表されたのが、『一九〇五』だったのである。数年前よりトニー・レオン主演作のプロジェクトを企図して進めていたようだが、それを経営が追いつめられたタイミングで製作決定したのだ。会社の命運をかけた大型企画。起死回生の可能性は、なかったとはいえない。

ただ問題だったのは、資金がないなか、スポンサーを中国企業に頼っていたことだろう。日中合作として進んだが、尖閣問題をきっかけに状況は一転。中国側が資金提供に難色を示すようになり、さらには「尖閣諸島が中国のものであることを示す内容を入れろ」などと、無理な要求を突きつけるようになってきたのである。

これを呑むことはできず、資金提供は打ち切りとなった。政治問題に翻弄されたというより、最終的には資金難が足枷となったといっていい。

2009年のワイズポリシー破産とムービーアイ破産、2010年のシネカノンの経営破綻、2013年のゴー・シネマ倒産など、有名な独立系映画配給会社がどんどん消えていっている。映画館の観客動員数はそれほど減っていないが、大半の人が大手配給会社がもつシネコンの話題作へ流れていて、独立系が海外で良作を見つけてミニシアターで配給しようとしても、観てくれる人が減ってきている現実がある。

『一九〇五』の封印は、映画業界の一つの危機を反映した出来事だった。

【FILM №5】

【日タイ合作はソフト化封印】ウルトラ6兄弟 VS 怪獣軍団

INFORMATION

1974年製作、1974年11月29日タイ公開・1979年3月17日日本公開、製作／円谷プロダクション、チャイヨー・プロダクション、配給／松竹富士、監督／東條昭平、出演／コ・ガオデンディ、ほか（80分、カラー）

タイを舞台に作られた異色のウルトラマン作品

円谷プロとタイのチャイヨー・プロ合作の劇場用ウルトラマン・シリーズ。もともとチャイヨー・プロの社長ソムポート・セーンドゥアンチャーイが留学生として円谷英二のもとで働いていたことから、合作映画が作られることになった。

はじめは『ジャンボーグA&ジャイアント』という、サイボーグのジャンボーグAとタイの英雄ロボット・ジャイアントが手を取り合った作品が作られた。その次に手がけたのが本作。今度は、ウルトラ6兄弟とタイの伝説の白猿ハヌマーンがタッグを組んだ。

ハヌマーンは、古代インドの叙事詩『ラーマーヤナ』に登場する伝説の猿で、タイでは人気のキャラ。空を飛ぶことができ（映画内では卍型のポーズで飛行）、孫悟空の由来の一つとされている。

舞台はすべてがタイ。長く続く日照りに苦しむある村で、子どもたちが雨乞いの踊りをする。そのグループのリーダー・コチャン少年（コ・ガオデンディ）は、仏像窃盗団に抵抗したため、無惨にも銃撃されて命を落とす。子どもが銃撃され絶命するというショッキングなオープニングで、はやくも先行きが不安になる展開だ。

遠くM78星雲からウルトラの母はちゃんとその様子を見ていてくれた。彼女はコ・チャンの勇気に感動し、伝説の白猿ハヌマーンの魂を彼の体に吹き込む。ハヌマーンに変身したコ・チャンは、復讐とばかりに窃盗団を追いかけ、踏みつぶしたり握りつぶして殺してしまう。冷静に見ればヒーローにあるまじき残忍さ……。

その後、旱魃対策としてタイ政府は人工降雨ロケットを発射するが、これが失敗して大地震に。地中から5大怪獣があらわれる。古代怪獣ゴモラをリーダーに、宇宙怪獣アストロモンス、泥棒怪獣ドロボン、暴君怪獣タイラント、妖怪怪獣ダストパンという布陣だ。

多勢に無勢。ハヌマーンは怪獣たちにさんざんいたぶられる。

そこへ、ウルトラマン、ウルトラセブン、ウルトラマンタロウ、ウルトラマンA、帰ってきたウルトラマン、ゾフィーという、ウルトラ6兄弟が登場し、ファンの期待が高まる。

しかし、ゆうに3分を超える闘いはやや冗長気味で、怪獣に同情したくなるシーンがつづく。アストロモンスとダストパンは顔と腕を切断され、ドロボンは体の肉を剥がされ骸骨にされる。ゴモラは、ヒーローたちが蹴りを入れるあいだを四つん這いになって逃げ惑う。これでは、いじめか動物虐待のようだ。

さいごはハヌマーンの必殺業、剣を三日月状に変形させたカッターでゴモラをまっ二つに。暴虐の限りを尽くして闘いは終わる。

ウルトラマンの海外使用権をめぐる日タイの争い

あくまでタイの人々に向けて作られたために、残忍な描写が目につき、ハヌマーンの露出ばかりが目立つ本作。1974年には完成し、タイでは同年に公開された。

しかし、日本での公開は円谷プロとチャイヨー・プロとの間でウルトラマンの権利をめぐる争いが起きたため、第三次怪獣ブームが起きていた1979年にまでずれ込むことになった。

1976年、経営に窮していた円谷プロは、本作の日本国内興行権を支払うために、チャイヨー・プロに『ウルトラQ』から『ウルトラマンタロウ』のウルトラシリーズ6作品と『ジャンボーグA』の海外使用権を譲渡したとされている。「1976年の契約書」と呼ばれるものだ。

タイ語のタイトルが踊る『ウルトラ6兄弟vs怪獣軍団』（写真引用元：http://www.youtube.com/watch?v=n3E9IPthfAs）

その後、日本コロムビアから本作のビデオとLDはリリースされた。

しかし、90年代半ば頃から「1976年の契約書」の真偽をめぐり日本とタイで裁判が争われ、両者の関係は悪化。それにともない、2000年代に入ってからはソフト化は封印されてしまった。

2004年、日本の最高裁で円谷プロが敗訴し、チャイヨー・プロの日本国外でのウルトラシリーズの独占権が認められたが、一方で、2008年にはタイの最高裁で「1976年の契約書」を偽造と認定。

この結果、日本とタイ以外の第三国ではどちらに権利が属するのか不明となってしまった。

両者の関係はこじれているため、本作が日本で再リリースされる可能性は極めて低い。視聴するには、タイでリリースされているDVDを取り寄せるか、廃盤のビデオを探すかだ。レンタル落ちはかなり出回っているので、運がよければ安価に購入できるだろう。

兄弟がそろって怪獣と闘うという意味では貴重だが、正規のウルトラマンシリーズとはちがうので期待して観ないこと。

【FILM No.6】

【ハリウッド史上最悪の死亡事故が起きた】

トワイライトゾーン／超次元の体験

INFORMATION

1983年製作、1983年6月24日アメリカ公開・1984年2月18日日本公開、製作／スティーブン・スピルバーグ、ジョン・ランディス、配給／ワーナー・ブラザーズ、監督／ジョン・ランディス、ほか（101分、カラー）

80年代気鋭の若手監督によるオムニバス

映画『トワイライトゾーン／超次元の体験』は、80年代にビデオが出ただけで、それ以降はソフト化されていなかった。

しかし、2008年にようやくDVDがリリースされ、この豪華なオムニバス作品を再び目にすることができるようになっている。

本作は、1959年～65年まで放送された往年の人気テレビ・シリーズ『未知の世界／ミステリーゾーン』を、スティーブン・スピルバーグとジョン・ランディスが現代版として製作したもの。ふたりのほかに、ジョー・ダンテとジョージ・ミラーを加えた4人がそれぞれ1話ずつを監督し、全4話のオムニバスとなっている。

いずれも当時の気鋭の若手監督によるもので、スピルバーグのヒューマンな感動、ダンテのシュールな映像、ミラー演出のスリルなど、短編映像のなかにそれぞれの個性が凝縮されている。

4話のなかでもここでクローズアップしたいのは、ランディス自身が脚本・監督をした第1話である。この第1話では、撮影中に悲惨な死亡事故が起きていた。

操縦不能のヘリが3人の命を襲う

第1話は、人種差別主義者である現代のセールスマン、ビル（ヴィック・モロー）が、いつのまにか時空を飛び越え、ドイツ占領下のフランスでユダヤ人と見られて追われたり、戦争中のベトナムでベトコンと見られてアメリカ兵から狙われたり、手痛い差別をうけるというもの。ランディスらしいブラックでミステリアスな世界が展開する。

撮影事故が起きたのは、クライマックスのベトナムの戦場でのシーン。主役の男ビルを演じるヴィック・モローが、激しい爆撃やヘリコプターの追跡をかいくぐり、戦場にとり残されたふたりのベトナム人の子どもを抱えて脱出を試みるというものだ。

1982年7月23日、それは3週間におよんだ撮影の最後のカットだった。ロケ地はロサンゼルス北部にあるインディアン・デューンズ・パーク。サンタ・クララ川沿いにはベトナムの村が再現され、大量の火薬もセットされていた。撮影は、スタントなし、リハーサルなしの一発勝負……。

午前2時過ぎ、ランディスの合図でモローはふたりの子どもをかかえて走り出す。背後では仕掛けた爆薬が激しく爆発する。

そこへ軍用ヘリが接近。このときランディスは、パイロットにさらに低く飛ぶことを要求している……。

次の瞬間、モローの腕からひとりの子どもが滑り落ち、川に落下。モローはすぐにその子をすくい上げようとしたが、そこへヘリが襲ってくる。ヘリは、巨大な爆風によってバランスを崩し操縦不能となっていたのだ。

鉄の塊となったヘリは、川に落ちた子どもを無惨に押し潰す。さらに墜落してもなお回転をつづけるプロペラは鋭利な刃物となって、モローともう1人の子どもの首を軽々とはねた——。

日本では事故死がふせられて公開

パイロットは無事だったが、一瞬にして3人の命が失われた。

ヴィック・モローは以前、ある予言者からヘリコプター事故で命を落とすと予言されていたというが、それが的中してしまったのである。

この事故でランディスは、ハリウッド史上はじめて過失致死罪に問われた監督となる。検察は危険対策への不備や不注意な撮影姿勢を痛烈に批難。裁判は約5年におよんだが、1987

年、ランディスと4人のアシスタントには無罪が言い渡されている。

無罪にはなったものの、罪の意識をぬぐいされないランディス。事故を境に、作品からは以前のようなあか抜けた痛快さが消えた。

一方、ランディスとともに製作の立場にあったスピルバーグは、事故への一切の責任を回避し、難をのがれている。同時期にはやはり自身が製作した『ポルターガイスト』からも死者がでているが、そうしたあらゆる負の部分をうまく回避して飛躍していったのが、スピルバーグという監督なのだ。

ちなみに本作では、ヘリのシーンはすべてカットされているため事故シーンを見ることはできない。クライマックスの脚本は書き換えられていて、盛り上がりに欠けるラストとなっている。

日本では1984年2月に公開されたが、そのとき、この悲惨な事故死のことや裁判沙汰についてはふれられることはなかった。

【FILM No.7】

ブラック・サンデー

【劇場爆破予告で公開1週間前に封印】

INFORMATION

1977年製作、1977年3月11日アメリカ公開・日本未公開、配給／パラマウント映画、製作／ロバート・エバンス、監督／ジョン・フランケンハイマー、出演／ロバート・ショウ、ブルース・ダーン、ほか（143分、カラー）

大統領と８万人の観客を殺戮せよ！

本当におもしろいアクション映画だけを撮ったジョン・フランケンハイマー監督のまちがいなく最高傑作。

物語の背景には、１９７０年代の中東情勢がある。イスラエルとアラブ諸国、さらにパレスチナ・ゲリラの各グループが熾烈な抗争を繰り広げていた時代だ。たとえば、１９７２年、ミュンヘンのオリンピック選手村襲撃事件は、パレスチナの国際テロ組織「黒い九月」が、イスラエル選手団の殺戮を意図したものである。

トマス・ハリスが原作を書いた『ブラック・サンデー』は、そんな時代の一歩先をいく視点をもっていた。

それは、パレスチナ・テロ組織の剣の矛先がアメリカ本土に向けられてもおかしくないというものである。なぜなら、アメリカ政府はイスラエルへ兵器を供与しているのだから。

劇中、アメリカ本土でのテロを企図するのは、ミュンヘンのオリンピック選手村襲撃事件も実行した「黒い九月」である。

「黒い九月」の美しい女闘士ダリア・イヤッド（マルト・ケラー）が、ある男にテロを依頼。

その男とは、ベトナム戦争で長い戦犯捕虜生活を送り、妻の裏切りや世間の冷たい視線にあい、祖国への復讐心に燃える元海軍将校マイケル・J・ランダー（ブルース・ダーン）だ。

テロ計画は奇想天外。大統領と8万人の観衆が見守るスーパー・ボウル決勝のスタジアムを標的に、スタジアムの上空を飛ぶコマーシャル用（タイヤメーカーのグッドイヤー）の飛行船の下部に設置したプラスチック爆弾の爆発を利用して、無数の鉄球をランダムに客席に飛来させるというものだ。

一方、イスラエルの秘密諜報部員カバコフ（ロバート・ショウ）は、「黒い九月」のアジトを急襲し、押収された犯行声明の録音テープからこのテロ計画を察知。凶行阻止に奮闘する。

9・11を予見していた⁉

アメリカ本土での無差別大量虐殺計画。しかも飛行船を使った上空からのテロ。まるで9・11同時多発テロを予見していたような映画である。実行犯が祖国に裏切られた元軍人というのも、アフガニスタン戦争で援助を受けながら、その後アメリカから裏切られたビン＝ラディンに重ならないでもない。

そうした解釈の一方で、この映画が何よりも素晴らしいのは、完全に中立な視点から描かれていることだ。政治的に中立なのはもちろん、テロを実行する者と阻止する者のそれぞれの動きを、ドキュメンタリーのようなタッチで丁寧に見せている。

そしてクライマックス、巨大な化物と化した飛行船がゆったりと落下し、スタジアムの観客を押しつぶす。歓喜が狂気に変わる演出には、他のパニック映画では味わえないどっしりとした恐怖がある。

ミュンヘンオリンピック選手村襲撃事件の際の「黒い九月」のメンバー（写真引用元：http://livedoor.blogimg.jp/hiroset/imgs/b/f/bf2cf191.jpg）

本作は、アメリカで大ヒットした。それをうけて、日本でも1977年夏に劇場公開される予定だった。「黒い九月」がモデルとなっていることから、アラブ諸国の大使館筋が警戒心を強めるなか、配給会社・CICと興行にあたることになった東宝は、反アラブ映画ではないとして、慎重に上映準備を進めていた。

マスコミ向けの試写会も行い、映画雑誌などでは高い評価を受け、前売り券の売れ行きも好調だった。

脅迫状が届き上映中止に

ところが封切りまであと一週間となった7月22日、突然、上映中止が発表された。原因は、テロを予告する脅迫状だった。東宝系の都内3つの映画館に、それぞれ「京都大学関西C線」「大谷大学京都C線」「愛知工大名古屋C線」という差出人から、「上映を中止しなければテロ行為に発展しかねない」という内容の脅迫状が届いたのである。このとき名指しされた作品は上映中の『ジェット・ローラー・コースター』（1977）だったが、それまでアラブ関係機関から自粛要請があったのは『ブラック・サンデー』であったことから、東宝は脅迫状の狙いは同作と見て上映中止を決める。

脅迫状がもとになった上映中止は前代未聞のことだった。

その後、映画は1986年にビデオ化されている。ただこのときは本来のシネスコ版ではなく、テレビ用サイズにあわせて両側がカットされたものだった。2006年に『ミュンヘン』（スピルバーグ監督）の公開に便乗するかたちでリリースされたDVDはシネスコ版で、本来の興奮を味わうことができる。

【FILM №8】

Mishima : A Life in Four Chapters

【三島を描いた国際的大作、国内では視聴困難】

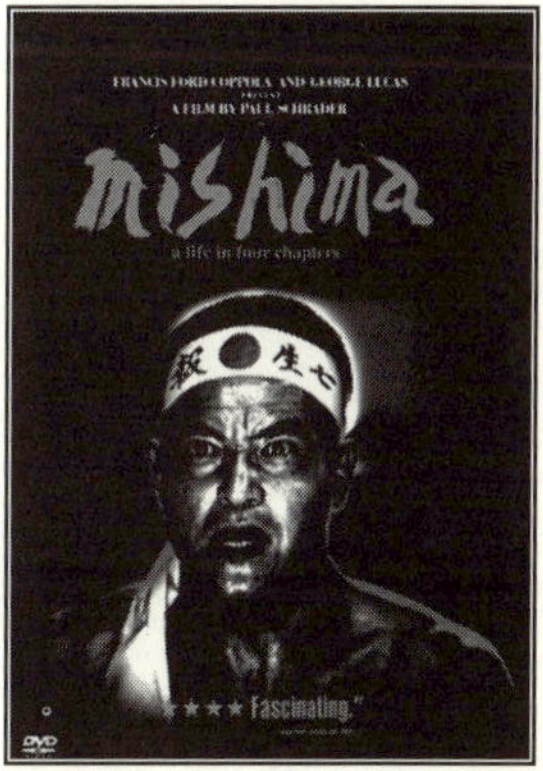

INFORMATION

1984年製作、1985年10月4日アメリカ公開・日本未公開、製作総指揮／フランシス・フォード・コッポラ、ジョージ・ルーカス、配給／ワーナー・ブラザース、監督／ポール・シュレイダー（120分、カラー）

名だたる映画人が終結

『タクシードライバー』の脚本家、ポール・シュレイダーが自らメガホンをとって三島由紀夫の人生を描いた本作。

製作総指揮はフランシス・フォード・コッポラとジョージ・ルーカス、日本人キャストには緒形拳をはじめ、坂東八十助、佐藤浩市、永島敏行が並ぶという極めて豪華な布陣だ。製作は山本又一郎、脚本にはポールの兄レナード・シュレイダーが加わり、沢田研二も出演している。

「私のミシマ」を描きたかったという監督は、〈1970年11月25日の自決の日〉〈三島の生涯〉〈三島の3つの小説（「金閣寺」「鏡子の家」「奔馬／『豊饒の海』の第二巻」）〉という3つのパートを用意し、そのうえで全体を4章立てとし、それぞれのパートを組み合わせながら重層的に映像を作り上げている。

第1章「Beauty」は、三島（緒形拳）の自決の日の朝、目覚めのシーンからはじまる。少年時代にフラッシュバックすると、祖母のもとでの貴族趣味な生活がつづられる。

そこに挿入される「金閣寺」の物語では、自分を醜いと信じる吃音症の青年（坂東八十助）

が、劣等感を打ち破るため、美の象徴たる金閣寺に火を放つ。三島自身、子どものころ吃音があったことが思い起こされる話だ。

第2章「Art」は、自決の日のつづきで、仲間と車に乗り込み都内を走るシーンがあって、作家デビュー当時の回想シーンが入る。

貧弱な体にコンプレックスを抱いていた三島は、ボディ・ビルで肉体美の追求に目覚める。そんなエピソードとともに、「鏡子の家」の物語が並行して語られる。

沢田研二扮する主人公の収は、ボディ・ビルで筋肉をつけ、高利貸しの女性にサディスティックに身体を傷つけられることに快感と生き甲斐を感じ、やがて死んでいく。

第3章「Action」は、自ら割腹シーンを演じた映画『憂国』を製作する三島と、「奔馬」の物語が交錯する。

「奔馬」では、永島敏行扮する青年・飯沼勲が同志とともに決起しようとするが、警察に踏み込まれて逮捕される。しかし出所した勲は、単独で財界大物の暗殺を決行し、海岸線から日輪が浮かぶのと同時に腹を切る。

第4章「Harmony of Pen and Sword」は、いよいよ陸上自衛隊市ヶ谷駐屯地に乗り込んで自決するまでの数時間である。

割腹自殺直前、たてこもった総監室前のベランダで演説する三島由紀夫。東京・陸上自衛隊市ケ谷駐屯地にて（写真提供：産経ビジュアル）

同性愛的描写で公開中止に

三島の最期に向かって手持ちカメラでドキュメント風に描かれる〈1970年11月25日の自決の日〉に対し、フラッシュバックの〈三島の生涯〉は固定カメラのモノクロ映像。

外国人が撮ったことを全く感じさせない、日本映画の古典のような繊細さだ。このあたりは小津安二郎などを研究する日本映画通のポール・シュレイダーならではだろう。

そしてなんといってもこの映画の革新は、〈三島の3つの小説〉のパートである。アートディレクター石岡瑛子によるモダンで様式化された絢爛たる美術セットのなかで、普段は見ることのできない日本人俳優たちの官能性が引き出されている。そこにミニマル・ミュージックの提唱者フィリップ・グラスの強烈なビートの音色が重なり、幻惑的な空気をうみだしている。

外国人が、三島の文学と生き様への純粋な興味からニュートラルな視点で描いているので、政治色が一切感じられないのもいい。日本人が三島の生涯を描こうとすれば、こうはいかないだろう。

今観ても斬新だ。作品としては評価されるべきもので、1985年のカンヌ国際映画祭では最優秀芸術貢献賞を受賞している。

日本では同年11月に『ミシマ11月25日、快晴』の邦題で公開が予定されていた。だがこれは中止となっている。三島関連の出版物などへ厳しい目を光らせていた三島夫人から、三島本人の同性愛的描写などに対して抗議の声があったとされるからである。

本作は劇場公開が中止になったのみならず、ソフト化もされていない。日本では視聴困難。ロケ地はほとんど日本で、日本人俳優が日本語で演技しているのに、日本では観られないというのは残念。

国内で視聴するには、アメリカなどでリリースされているDVDを取り寄せるしかない。DVDディスクのリージョンコードの違いはあるが、環境さえ整っていれば観ることはできる。アメリカ版DVDには、公開時に削除されていた「金閣寺」の和尚に扮した笠智衆が演じるシーンが収録されているので、こちらも必見。

【FILM №9】

黒部の太陽

【五社協定につぶされかけていた大作】

INFORMATION

1968年製作、1968年2月17日公開、製作／三船プロダクション、石原プロモーション、配給／日活、監督／熊井啓、脚本／井手雅人、熊井啓、音楽／黛敏郎、出演／三船敏郎、石原裕次郎、滝沢修、ほか（196分、カラー）

自社の監督貸し出しに厳しく抗議する日活

木本正次《きもとしょうじ》が書いた『黒部の太陽』は、戦後の巨大プロジェクトだった、関西電力の黒部ダム建設を通して、人間と自然の闘いを描いたもの。新聞でも連載されていたが、三船プロ（1962年設立）と石原プロ（1963年設立）は、この作品を三船敏郎&石原裕次郎の二大スターで映画化しようと考えた。

1963年春に最初の話し合いがもたれたが、製作資金や監督の人事、配給、それに五社協定の壁がたちはだかり、何度も立ち消えそうになった。

監督の目処がたったのは1967年春のこと。同年5月9日の製作発表記者会見で、日活に所属する熊井啓《けい》の監督起用が発表された。すると、混乱が巻き起こった。日活が、自社の監督の貸し出しに強く抗議したのである。事前になんの話もなかったため、強行的に引き抜かれたという不信感を募らせたのだろう。

日活で2年間も作品を撮らせてもらえないでいた熊井は、日活を辞めてでも『黒部の太陽』を撮るつもりでいたが、日活との関係をこじらせてまで製作に踏み切るわけにもいかない……。

監督問題とともに悩ましかったのが、配給の問題だ。東宝か日活かということになるが、三船・石原の理想は大きな映画館をもつ東宝の配給。

だがそれを見透かしてか、日活は、「東宝は他社の監督を引き抜いて映画を作らせ、配給することになる」と牽制することを忘れなかった。

危険な破砕帯出水シーンで裕次郎骨折……

「熊井は貸さない」「日活も他の四社も配給しない」と言って三船・石原をおいつめる日活。だが、「三船・石原の共演作なら自社で配給したい」という日活の本音が読めればなんてことはない。

結局、「配給は日活」という線ですべての問題は解決した。熊井には解雇命令が出されていたが、これも撤回。晴れて熊井も製作に専念できることとなった。

同年7月23日、ごたごたが解消してようやくクランクイン。

映画の最大の見せ場は、ダム建設途上でぶつかった〝破砕帯〟と呼ばれる巨大なフォッサ・マグナの断層（幅82メートル）を突破するまでのドラマだ。実際の工事では7ヶ月を要した。

熊井は、この破砕帯で起きた出水事故に焦点をあて、破砕帯を含めた関電トンネルのセットを熊谷組工場内に建設させた。出水の仕掛けとして、秒速約25トンで放水できる貯水槽も作らせた。

さて問題の出水シーン。シナリオでは「切羽《きりは》の崩壊の危険が迫ったので、北川（三船敏郎）が全員退避を命じるが、それに逆らう岩岡（石原裕次郎）らがもみあいとなり、すると次の瞬間、切羽が崩壊し、大量の水が噴出し、その場の6人が激流にのまれる」というもの。CGなし、スタントなし。貯水槽に水を貯めるのに1日はかかることから、カメラ11台を設置して一発で撮影する。

放水中の黒部ダム（© NShunsuke）

ところが本番の撮影では予想を上回る量の水がいちどに流出し、役者やスタッフを襲った。

三船は無事逃げ切ったが、石原はまたたく間に水に呑み込まれ、失神。監督や助手もあっという間に水圧に飛ばされた。負傷者十数名はすぐに救急車で運ばれる。石原は腰と手足を強打、親指は骨折。死者が出なかったのがせめてもの救いだろう。フィルムに収められているのは、本当の事故映像にかぎりなくちかい。

そんな命がけのシーンを随所に収めた映画は、無事に完成。公開は1968年2月17日。最初の1年で、観客動員数733万人を記録。当時の劇映画の興行の新記録を樹立した。この大ヒットの背景には、マスコミが五社協定の問題を大きくとりあげたこともある。

だが、本作は、長らく視聴困難で、ほとんど封印されていた。ソフト化も、テレビ放送もなかった。その理由といわれるのが、「映画はスクリーンで見るもの」という石原の遺志である。

現在は封印を解かれた

ところが2012年、東日本大震災復興支援を目的に「裕次郎の夢～全国縦断チャリティ上映会」としてスクリーン上映が行われ、2013年3月には、ポニーキャニオンよりソフト化された。

チャリティ上映会はよいが、福島原発事故後に観ると、電力会社の過酷なダム工事をめぐる物語（現実に171人の殉職者が出た）は、自然破壊を伴う原発建設工事、あるいは出口の見えない原発事故処理を想起させるのは、なぜだろうか。

【FILM No.10】

戦ふ兵隊

【フィルムは処分され、監督は検挙・投獄】

INFORMATION

１９３９年製作、未公開、製作／東宝映画文化映画部、配給／東宝、監督／亀井文夫、音楽／古関裕而（66分、白黒）

兵隊の内面にせまる

1937年にはじまった日中戦争は、中国人民の激しい抵抗をうけて戦火は拡大していた。そんな時代に、戦意昂揚の目的で作られた作品が『戦ふ兵隊』である。

この映画を企画したのは日本陸軍報道部。製作は東宝。監督は亀井文夫である。亀井は『上海』（1937）や『北京』（1937）など、すでに戦時記録映画の傑作を撮っていた名匠。いずれも日本軍が占領した上海や北京のルポルタージュであるが、日本の兵隊はもちろん、中国人をもあたたかく見守る視線があって、戦意昂揚とはかけ離れた内容となっている。

亀井は、1938年から約半年にわたり中国大陸で陸軍に同行し、武漢《ぶかん》作戦まで撮影した。もともと亀井の頭にあったイメージは壮大な戦争のスペクタクルだったが、陸軍は撮影に対して期待したほどの支援を与えてくれない。軍も重要な作戦を前に余裕のない時期だったのだから仕方がない。

そこで亀井はプランを変える。カメラの焦点を、戦争の大スペクタクルから、戦争にかかわる人間一人ひとりにあてることにした。

映画の前半は、日本軍のキャンプ地での生活が丹念に映し出される。兵隊たちは、壊れた武器を直し、安全な飲み水を確保し、新鮮な野菜がないから乾燥野菜で食事を作る。

印象的なのは、日本軍が去ったキャンプ地には地元の住民たちが戻ってきて、また畑を耕し、いつもの生活をはじめることだ。戦時中にあっても、ひたむきに、したたかに生きる人間の営みの偉大さを感じさせる。

後半は、大砲の轟音や銃撃音が響く戦場シーンに移る。でも、カメラがとらえているのは、あまりにも雄大で美しい大地。そこにちらばる小さな黒い点が兵隊。兵隊たちは死を賭けて戦っているが、戦争そのものはいかにも無為なものとして映し出される。

武漢作戦成功。兵隊たちは街に入場する。美しい洋館との対比で映し出されるのは、疲れ切って路上に座り込む兵隊たちの姿だ。

武漢作戦時の日本軍。亀井も作戦に同行してカメラを回した。

「国賊」の烙印をおされる亀井

亀井には戦意昂揚のための映画など撮れなかったのだ

ろう。そうかといって、あからさまな反戦映画を作ることもしなかった。

兵隊たちの国に帰りたい気持ちをそのまま出すかわりに、尋問を受ける捕虜に「帰りたい」と語らせるなど、検閲をパスするための努力もしている。反戦的描写をオブラートに包んでいる。

完成した映画は社内試写で好評価を受けたが、陸軍は、厭戦的として上映不許可の命令を下す。ネガは処分されることに。真相は不明だが、このとき東宝が軍のルートで生フィルムや器材を入手するための裏取引があったという説もある。

亀井はその後、1941年に農民の苦しさを一茶の俳句に託して語った『小林一茶』を撮るが、同年、治安維持法で逮捕・投獄。問題視されたのは『戦ふ兵隊』で、あのような映画を作ったことは、「国賊」にあたるとされたのだ。

当時、英・米との交戦をひかえた時期で文学・絵画・新劇など各界から多くの知識人が検挙されていた。亀井もその1人となったが、映画界から検挙されたのは亀井のみ。1年後に起訴猶予で釈放されたが、保護観察処分で警察の監視下におかれ、監督の免許は剥奪された。

フィルムとネガがGHQに没収される

戦争が終わり、晴れて自由にモノが語れると思って亀井が撮ったのが、天皇の戦争責任を追及した『日本の悲劇』（１９４６）。この映画は、１９４６年６月にＧＨＱの検閲をパスし、上映可能となった。

だが、東宝や松竹は商業的な作品ではないという理由で映画の配給を見送る。これに対し、日本映画社は７月より東京近郊で小規模に自主興行を行い、切符売場に長蛇の列ができるほどの大ヒットに導いた。

ところがである。この映画、その後間もなく上映禁止となり、フィルムとネガはＧＨＱに没収されてしまった。この問題の背景には日本政府の意向があったといわれている。

結局、戦中・戦後に亀井が撮った代表的な２本の映画は、いずれも公開禁止にされてしまったのである。

その後、『戦ふ兵隊』は１本のポジフィルムが発見され、また『日本の悲劇』はアメリカから東京国立近代美術館フィルムセンターに返還され、現在は幸いにもＤＶＤで観ることができるようになった。受難の時をへて蘇った映像、ぜひ観てもらいたい。

【FILM No.11】

ザ・コーヴ

【「反日!?」で上映中止騒動が勃発】

INFORMATION

2009年製作、2009年7月31日アメリカ公開・2010年7月3日日本公開、製作総指揮／ジム・クラーク、配給／ライオンズゲート（米）、アンプラグド（日）、監督／ルイ・シホヨス
（91分、カラー）

配給・劇場をターゲットとする抗議の嵐

公開か上映中止かでゆれた映画として記憶に新しいのが『ザ・コーヴ』だ。

この映画が日本で広く知られる契機となったのは、2010年3月の第82回アカデミー賞である。作品は長編ドキュメンタリー賞を受賞する。

すでに前年から世界中で公開されており、2009年10月の第22回東京国際映画祭でも公開はされていたが、和歌山県太地町で行われているイルカ漁に強い批判の目が向けられたのは、アカデミー賞がきっかけである。

これを機に、市民活動団体などから、配給会社アンプラグドに「反日映画をなぜ上映するのか」と執拗な抗議がよせられるようになった。

アンプラグドは、2010年4月公開の線で慎重に準備を進めたが、太地町の人々に配慮し、一部、人物の顔にぼかし等の処理をするために公開を延期する。

5月中旬、シアターN渋谷、シネマート六本木など全国26館で6月26日より公開することを発表。

だが半月後、東京のメイン館であったシアターN渋谷や、シネマート六本木とシネマート心斎橋での上映中止が発表され、この時点で東京での上映館はなくなってしまった。また、仙台や山形、青森でも上映の見送りが決定された。

上映中止の理由はいずれも、劇場側にたびたび抗議の電話がよせられたり、街宣活動の予告があったからである。劇場近隣への迷惑を考え、「自粛」したというわけだ。

「自粛」か「表現の自由」か

相次ぐ上映中止に危機感をもったジャーナリストや文化人らは、上映中止への反対声明を発表した。

6月21日、上映に向けた気運が高まったと見たアンプラグドは改めて、公開日を7月3日と発表し、全国6ヶ所で無事に公開された。東京の唯一の上映館、渋谷のシアター・イメージフォーラム前では、およそ30人の市民団体らによる反対運動があったが、大きな混乱とはならず、マスコミで報じられていたことで注目度が上がり、満員のスタートを切っている。

外国人が日本を撮った映画に対し反日映画だという抗議がおき、抗議の矛先が製作サイドではなく配給や上映館に向かう。「自粛」という形で上映中止の連鎖がおき、それに対し文化人らから「表現の自由」の危機を叫ぶ声が上がる。映画『靖国　YASUKUNI』（2007）

も同じような経緯をたどっている。

ちなみに、横浜ニューテアトルは、『靖国 YASUKUNI』の際には、抗議に屈して上映を見送った苦い経験があったが、『ザ・コーヴ』では、抗議活動を禁止する仮処分の申請を地裁に提出することで、上映にこぎつけている。

ドキュメンタリーとはいえない捏造があった⁉

さて肝心の中味だが、一部でも指摘されているように、ドキュメンタリーという体裁をとっているにもかかわらず、大半は意図的に演出・構成して作られている。

太地町での撮影は、町民の協力のもと行われたはずなのだが、映画を観ると、イルカ保護を訴えるリック・オバリーとそれに共感したスタッフらは、町民たちの妨害にあいながらも、イルカ殺しが行われる立ち入り禁止の入江を命がけで撮影するという話に仕立て上げられている。

架空の尾行をふりきったり、赤外線カメラで撮影したり、スパイ映画もどきの潜入シーンの連続だ。

町民たちによる妨害シーンは、スタッフが途中で撮影意図を明かし、ときには町民たちを挑発して撮った。そうやって収めた妨害映像だけを、いいようにつなげて使ったというわけだ。

　また、アメリカ人女性ダイバーが入江でイルカが殺されているのを見て泣いているシーンがあるが、これも演技。女性が泣いている映像と、血を流したイルカの映像をつなぎあわせてつくられている。

　とはいえ、そんな捏造があると知っていても、観賞直後はイルカ漁反対を唱えたくなるのが正直なところだろう。単純に、イルカ殺しのシーンを見せられると、心を動かされる。イルカ保護を訴えるプロパガンダとして効果を発揮している。

　しかし、生き物を食べる過程には殺す行為があるのは当然で、それに無自覚であってはいけないし、人間の多様な食文化は外部から勝手に否定できるものではない。冷静に受け止めるべき問題だ。

　一連の上映中止騒動、ドキュメンタリーのあり方、イルカ漁、食文化など、いろいろひっくるめて考えさせられる映画である。

【FILM No.12】

【国内ソフト化は不可能!? 究極のカルト映画】

江戸川乱歩全集 恐怖奇形人間

INFORMATION

1969年製作、1969年10月19日公開、製作／東映京都、配給／東映、監督／石井輝男、脚本／掛札昌裕、石井輝男、音楽／八木正生、出演／吉田輝雄、土方巽、由美てる子、大木実、小池朝雄、ほか（99分、カラー）

舞踏家・土方巽の映画

カルト映画の定番中の定番。

タイトルに「江戸川乱歩全集」とあるように、石井輝男監督が敬愛する江戸川乱歩の『パノラマ島奇談』をベースに、『屋根裏の散歩者』や『人間椅子』といった諸要素を混ぜ合わせてつくりあげた怪奇ミステリーである。

石井監督は、乱歩の世界を描くチャンスなど二度とないだろうということで、あらゆる乱歩的イメージを詰め込んでオリジナルストーリーを書きあげた。

劇中、ひときわ異彩を放つのは、奇形人間の理想郷を築く丈五郎に扮した舞踏家・土方巽《ひじかたたつみ》だ。この映画、ある意味、土方のキャスティングがすべてといえる。

当時、暗黒舞踏と称して話題となっていた土方の顔をたまたま週刊誌で目にした石井監督は、強烈なシンパシーを感じて土方に接近。ふたりはすぐに意気投合。

はじめは『残酷・異常・虐待物語　元禄女系図』（１９６９）のタイトルバックで生きた鶏をくわえた踊りを披露してもらい、これが評判となり、本作での主役抜擢につながった。

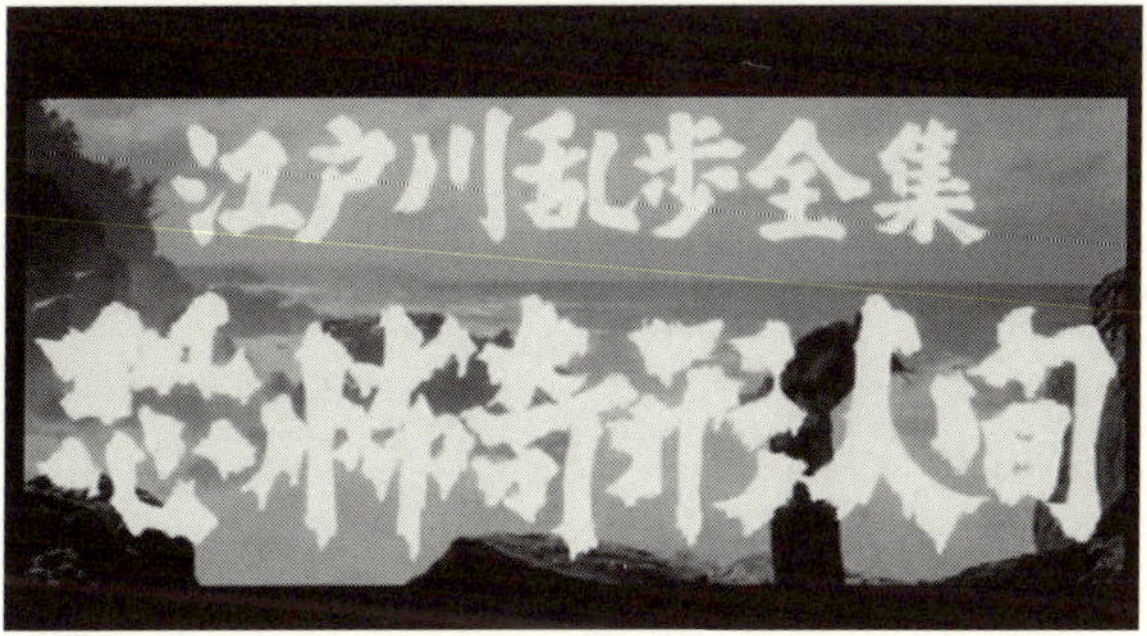

『江戸川乱歩全集　恐怖奇形人間』の予告編（写真引用元：https://www.youtube.com/watch?v=-rbRWgr4F0Q）

手作り感たっぷりの奇形人間

主人公は過去の記憶がない医学生の人見広介（吉田輝雄）。彼はなぜか、女たちが奇声をあげる精神病院に閉じ込められている。

脱出に成功した広介は、子守唄を口ずさむサーカス団の少女・初代（由美てる子）に出会い、記憶を取り戻しかけるが、彼女は目の前で何者かに殺害されてしまう。殺人者として追われる身となった広介は、初代の話を手がかりに北陸へ。そこで自分と瓜二つの菰田《こもだ》源三郎という名家の男の死を知る。

菰田家に自分の出生にまつわる秘密をかぎつけた広介は、なんと、埋葬された源三郎が生き返ったように見せかけて菰田家に入り込む。すると、源三郎の妻・千代子（小畑通子）が何者かに殺され、屋敷には不審な人物が暗躍する。すべての謎を解明するため、広介は、源三郎の父・丈五郎（土方巽）が住む孤島に渡る。

そこは奇形人間の島だった。生まれつき手に水掻きがある丈五郎は、島で奇形人間をつくり、自らの理想郷をつくっていたのだ。

極彩色でペインティングされた男女の奇形人間らの奇妙な踊りが、しばし繰り広げられる。これは土方振付による舞踏作品。奇形人間といっても手作り感のある特殊メイクだから実際にはかわいらしいものだ。

奇形人間の極めつけは男女の人工シャム双生児。女のほうの秀子は由美てる子が演じ、醜い男のほうはデビュー前の近藤正臣が演じている。

やがて広介は、自分が奇形人間を製造するため外科医にさせられた源三郎の弟であることを知る。外科手術で秀子を救うが、丈五郎に奇形人間製造を強要され追いつめられていく。

そこへ、下男になりすましてやってきた明智小五郎（大木実）が唐突に登場。変態の執事・蛭川の陰謀などを暴き、さらに丈五郎を追いつめる……。

ラストシーンを記してしまうと、実は兄弟で近親相姦を犯していたことを知る広介と秀子が、「花火となって散る」という言葉通り、花火とともに打ち上げられ空中に四散する。笑いのなかにも切なさと深い感動がこみ上げる名状しがたい怪シーンとなっている。

カルト映画として評価を高めるも国内でソフト化が難航

配給の東映社内では「なんときたならしい映画ができたんだ」と罵る声もあったという本作、成人映画の指定を受けて公開されたが、予想通りというか、当時はそれほど評判はよくなかった。しかし、石井監督への再評価の動きが加速した90年代から、カルト映画の究極の1本としての地位を固めていく。名画座などでは常に人気のプログラムとしてラインナップされ、現在でも度々劇場で上映されている。

国内でのソフト化は難航した。1993年にビデオ化の発表があったが、タイトルからして問題があるので、これは直前になって発売中止となった。こうした不幸な状況もまた、カルト的オーラを増幅させる結果となった。

視聴をするには、海外版を取り寄せる必要があった。アメリカでは、2007年8月に、Synapse Filmsから「Horrors of Malformed Men」のタイトルでDVDがリリースされている。ところが、2017年10月、ついに国内でDVDがリリースされ、めでたく封印が解かれている。

Innovation : Split
(Master)
maxell
XLII-S 90

第2章
封印された音楽

【MUSIC №1】

【テレビ放送禁止用語連発で、契約解除！】

アナーキー・イン・ザ・UK

INFORMATION

歌／セックス・ピストルズ
プロデュース／クリス・トーマス（1976年）

（上）「アナーキー・イン・ザ・UK」が収録されたセックス・ピストルズのアルバム「勝手にしやがれ」

リリース5日後全英を憤慨させる

70年代中頃、ロンドンのキングス・ロードにあったブティック「SEX」から誕生したセックス・ピストルズが、イギリスのパンク・ムーブメントを先導していた。

ピストルズと契約にこぎつけたのは、大手レーベルEMIで、デビュー・シングル「アナーキー・イン・ザ・UK」が1976年11月26日にリリースされた。

この曲は、自分は反キリスト者やアナーキストなどであるといった、反体制的な過激なメッセージを含んでいて、すぐに放送禁止となるのだが、そればかりか、発売がストップする事態にまで追い込まれている。

その原因となったのが、「アナーキー・イン・ザ・UK」のリリース5日後に起きた、「ビル・グランディ事件」である。

ピストルズは、ロンドンの週末の娯楽番組「トゥデイ」に、クイーンの代役として急遽、出演することに。メンバーは、緊張をほぐすためか、放送前に楽屋にあった酒をガブガブ飲んで酔っぱらってしまう。

そこに、彼らを完全に見下していた司会者のビル・グランディが意地悪な質問を浴びせかけていく。我慢ならなくなった、ジョニー・ロットン（ヴォーカル）とスティーヴ・ジョーンズ（ギター）が、放送禁止用語「Shit!」「Bastard」「Fucker」「Rotter」を連発する。

放送終了後、視聴者から抗議が殺到した。翌朝の新聞各紙は、ピストルズの発言をトップで取り上げ、一斉に非難した。

この「ビル・グランディ事件」によって知名度はアップし、「アナーキー・イン・ザ・ＵＫ」は全英チャートでは38位までアップしたものの、12月に予定されていたツアーの大半はキャンセルとなり、バンドは深刻なダメージを受けた。

トラブルにつき合いきれなくなったＥＭＩは、年明け早々に契約を破棄。それとともに「アナーキー・イン・ザ・ＵＫ」は封印されてしまった。リリースからわずか1月ほどで音楽業界から消されてしまったのである。

アンチ・エリザベス女王

騒動まみれのバンドは、メンバー間の溝の深まりから、グレン・マトロック（ベース）が脱退。楽曲作りの唯一の支えを失った。代わりに入ってきたのが、一度も楽器の演奏をしたことのない少年、シド・ヴィシャスだった。

3月9日にA&Mレコードと契約。翌日、プレス関係者を呼び寄せ、バッキンガム宮殿前で派手な契約式の〝真似事〟をして世間の反感を買うが、その契約もわずか1週間で破棄されてしまう。A&Mレコードから発売を予定し、プレスまでしていたセカンドシングル「ゴッド・セイヴ・ザ・クイーン」は封印……。

アムステルダムで公演するセックス・ピストルズ。左からドラムのポール・クック、ベースのシド・ヴィシャス、ボーカルのジョニー・ロットン、ギターのスティーヴ・ジョーンズ（© Nationaal Archief）

曲をつくっても世に出ない。異常事態に陥ったバンドにとって唯一の救いは、二度の契約破棄で巨額の違約金を手に入れたことぐらいだろう。

5月14日、ヴァージンとの契約に至り、ようやく「ゴッド・セイヴ・ザ・クイーン」がリリースされる。この曲は、英国国歌と同名タイトルで、エリザベス女王を徹底的にこき下ろしている。初登場は11位にチャートインしたが、当然のように放送禁止となった。

違法プロモーションで大ヒットになるものの

そして、エリザベス女王在位25周年祝典日の6月7

日、テムズ川に「クイーン・エリザベス号」という名のボートを浮かべ、ビッグ・ベンの前でゲリラ・ライヴを敢行。

ボートの所有者はライセンスの没収を恐れて警察に通報し、すぐに警官船に取り囲まれた。船上での無許可演奏、侮蔑的な言葉が威嚇行為と見なされ、マネージャーのマルコム・マクラーレンら11名が逮捕された。ちなみに、こうしたパフォーマンスの多くは、マクラーレンがパンクのイメージ作りのために仕掛けたとされている。違法プロモーション効果は絶大で、17日、「ゴッド・セイヴ・ザ・クイーン」は全英チャートのトップに躍り出たが、多くの敵もつくった。ピストルズをよく思わないイギリス音楽業界の操作で、このときのチャートは公式には2位にされている。

また、ジョニー・ロットンやポール・クックなど、メンバーや関係者は、その後、毎週のように狂信的な右翼に襲撃される事件に巻き込まれている。こんな状態が長くつづくはずもなく、まもなくバンドは消滅へ向かう。ちなみに、二度の契約破棄とシングル曲の封印という恨みつらみは、唯一のアルバム『Never Mind the Bollocks（勝手にしやがれ!!）』（1977年10月）の「拝啓ＥＭＩ殿」に収められている。

【MUSIC №2】

イマジン

【9・11後の放送自粛リストに入れられていた】

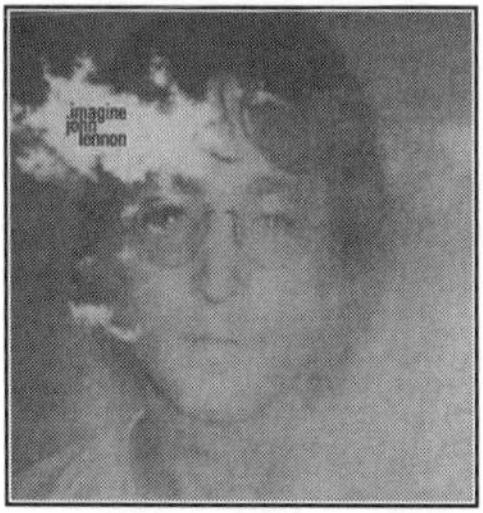

INFORMATION

歌／ジョン・レノン

作詞・作曲／ジョン・レノン

（1971年）

（上）1971年に発売されたアルバム「イマジン」。一曲目は「イマジン」から始まる体制批判的な言動を繰り返していたジョン・レノン。その楽曲はたびたび放送禁止処分を受けている。

キリスト教批判でレコード焼き討ち

悪名高き「ビートルズはキリストよりも有名」発言（1966年3月4日）。これは西洋諸国におけるキリスト教の衰退を指摘したものだ。イギリスでは問題とならなかったが、アメリカの保守層の反感を買った。

全米のラジオ局がいっせいにビートルズの曲を放送禁止処分にし、白人至上主義団体KKK（クー・クルックス・クラン）や米国愛国婦人会などの多くの団体は抗議活動を展開し、レコードの焼き打ち事件などが勃発した。

南アメリカのラジオ局でも、ビートルズの曲を放送禁止処分にした。この措置はビートルズ解散後に解除されているが、ジョン・レノンの歌詞、ボーカル、ソロ作品だけはその後もブラックリストに載せられたままだった。

公式な発言撤回後も、アメリカの保守層はジョンを危険な存在と見なしていた。

ビートルズ解散後の1971年夏、ジョンはヨーコとアメリカに移住するが、このときジョンは、ＦＢＩの十大凶悪犯リストのトップに記され、ニクソン大統領の政敵リストにもリストアップされた。実際には、全米平和集会に参加したり、反英集会のデモに参加する程度のことしかしていないが、ジョンの影響力とロックの潜在力は恐れられていて、ＦＢＩはジョンの行動をすべて監視していた。その監視記録はジョンの死後に公表されている。

ビートルズのレコードを焼き討ちする団体（写真引用元：http://all-that-is-interesting.com/burning-the-beatles-in-america）

『イマジン』の反戦と反宗教に反発

さて、ジョンの代表的アルバム『イマジン』は、アメリカ移住直後の１９７１年９月９日（イギリスは10月８日）にリリースされている。

鋭い内面分析が評価されたが、セールス的には失敗した前作『ジョンの魂』（１９７０）からは大きくテイストを変え、万人受けするアルバムに仕上がっている。

アルバムのタイトルトラック「イマジン」は、

飛行機のなかでひらめいたという美しい旋律にのせ、世界の平和を願う。「想像してごらん」ではじまる印象的な歌詞は、ヨーコの詩からインスピレーションを得たことを本人が認めている。ヨーコが出版した『グレープフルーツ』（1964）にある、「想像してごらんなさい　雲がしたたり落ちるのを…」（「Cloud Piece」）などの詩をヒントに生まれたのである。

「イマジン」は、全米シングル・チャートでは3位に登り詰め、まずまずのヒットとなったが、その歌詞に反発する人々もいた。

冒頭で天国の存在を否定し、さらに2番で、殺すことも死ぬことも宗教もないと歌う。これは宗教の否定ではないか？　これに対しジョンは、「宗教のない世界ではなく、こちらの神の方がおまえの神よりも偉い、と張り合うことのない世界という意味」と、あとに弁明している。

ちなみに近年、イギリスでは、葬式のBGMとして「イマジン」を使用することが禁止になったという。やはり、天国の存在を否定していることが宗教的に不適切だと考えられたからだ。

また、戦争のないユートピアを描いた歌詞は、戦争をやりたい人々には邪魔な存在になった。

1991年の湾岸戦争のとき、英国BBCは同曲を放送自粛曲リストに入れ、戦争終結まで放送することはなかった。

9・11米国同時多発テロのときには、アメリカのラジオ局運営大手クリアチャンネル・コミュニケーションズが、9・11後の放送自粛リスト165曲の1曲に「イマジン」を加え、

1200を超えるラジオ局に通達していた。

歌詞を変えたライブに批判殺到

しかし、こうした愚行にも屈せず、「イマジン」の普遍的価値は高まるばかりである。記憶に新しいところでは、2012年ロンドン・オリンピック閉会式でも使われた。

また、ニューヨーク・タイムズスクエアでのカウントダウンイベントでは、2005年から「イマジン」が流され、2010年からはライヴ演奏されるようになった。

が、ファンからは許し難い事件も起きている。

2011年、ライヴ演奏したヒップ・ホップ・アーティストのシーロー・グリーンは、宗教が存在しないという部分の歌詞を、全宗教は真実という内容に変えて歌ってしまったのだ。グリーンは「自分が望むものを信じることができる世界、ということを言おうとしただけ」と弁明したが、ファンは痛烈に批判した。

「イマジン」という楽曲の重みが年々増していることを感じさせるエピソードである。

【MUSIC №3】

イムジン河

【北朝鮮の有名曲を、歌詞を変えて歌っていた】

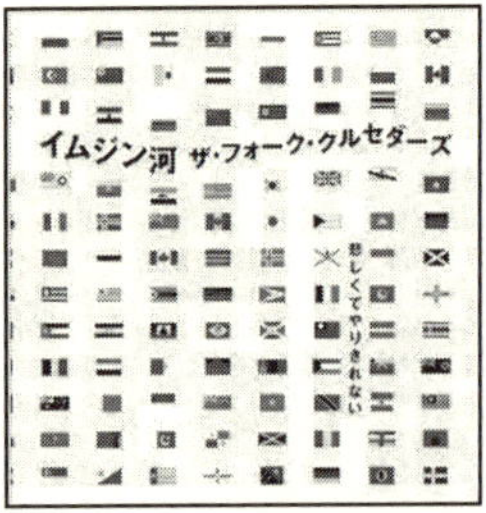

INFORMATION

歌／ザ・フォーク・クルセダーズ
原詞／朴世永、作詞／松山猛
作曲／高宗漢、編曲／加藤和彦
（1968年）

（上）２００２年に東芝から発売されたシングル「イムジン河」

2番と3番は創作していた

ザ・フォーク・クルセダーズは、1965年に結成された。67年、解散記念として300枚のみ自主制作したアルバム『ハレンチ』から大ヒットソングが生まれる。それが、「おらは死んじまっただ」の歌詞が印象的な、「帰って来たヨッパライ」だった。関西のラジオでオンエアされたことをきっかけに火がつき、東芝レコードから同曲を発売してプロデビューに至る。

翌68年、同じくアルバム『ハレンチ』から、朝鮮半島の南北分断の悲哀を唄った「イムジン河」を第2弾シングルとしてリリースすることになる。「イムジン河（臨津江）」は実在のもので、南北の軍事境界線近くにある。同曲は、どうやって生まれたのか？

1961年、当時中学生だった作詞家の松山猛は、朝鮮学校を訪れたときに耳にしたハングル語の曲を気に入り、朝鮮学校の友達に邦訳を依頼し、その姉が1番の歌詞を訳してくれた。松山は、あとに知り合うザ・フォーク・クルセダーズの加藤和彦にその歌を紹介し、バンドで歌うようになる。それが「イムジン河」だった。

1番の歌詞は、もらった邦訳をもとに松山が書いたものだ。

♩イムジン河　水清く　とうとうと流る
水鳥　自由にむらがり　飛び交うよ
我が祖国　南の地　想いははるか
イムジン河　水清く　とうとうと流る

1番の歌詞だけでは短すぎるので、松山は、2番と3番をつくった。

♩北の大地から　南の空へ
飛び行く鳥よ　自由の使者よ
誰が祖国を　二つに分けてしまったの
誰が祖国を　分けてしまったの

イムジン河　空遠く　虹よかかっておくれ
河よ想いを　伝えておくれ
ふるさとを　いつまでも　忘れはしない
イムジン河　水清く　とうとうと流る

北は豊作、南は荒れ地

松山はこの歌が朝鮮半島に伝わる古い民謡かなにかと思っていたらしい。

しかし、じつはこの歌、詩人・朴世永《パクセヨン》が作詞し、高宗漢が作曲した、１９５７年の北朝鮮の曲だった。朝鮮戦争休戦（１９５３年）からわずか4年後の歌だ。朴世永は、現在の韓国の出身だが、朝鮮戦争前に北朝鮮側に渡り、北朝鮮の国家「愛国歌」の作詞も手がけた人だ。

松山の2番は、河を境に分断され、北の大地にしばられた者が、自由な南の地に思いを馳せ、南北分断を疑問に思い、朝鮮の統一を願ったものになっている。しかしオリジナルの2番は、南の地は凶作で貧しいが、北の大地は豊作で豊かである、という意味の内容だ。

松山バージョンでは、南北統一への願いが中心だが、オリジナルは、南北間格差を鮮明にするのが中心。貧しい南（韓国）への同情、その裏返しとして自国（北朝鮮）の優位性をアピールする意図が読み取れる。ちなみに、オリジナルに3番はない。

朝鮮総連が介入か？

「南寄りの視点で書かれた日本語詞を書き直せ！」

朝鮮総連（在日本朝鮮人総連合会）より東芝にクレームがきた。「音階やテンポを原曲通りに歌うこと」「作詞作曲者名を明記すること」、さらに「朝鮮民主主義人民共和国の曲であることを明記すること」も求めてきた。

このうち、東芝として一番対応に苦慮したのは、国交のない朝鮮民主主義人民共和国の名を出すことだったようだ。一方で、北朝鮮の歌がヒットすることを嫌った韓国政府からのクレームがあったという説もある。

国際問題に発展することを恐れた東芝は、直前で発売中止を決めた。

原詞に忠実なバージョンとしては、ザ・フォーシュリークの「リムジン江《ガン》」（1968）がある。こちらは発禁にはなっていないが、民放連の「要注意歌謡曲」になり、放送禁止となった。韓国と友好関係を結んでいる日本が北朝鮮の宣伝になる歌を放送できない、という理由のようだ。

ザ・フォーク・クルセダーズの「イムジン河」は、1995年、自主制作盤『ハレンチ』に収録されたほか、2002年にシングル「イムジン河」が東芝から発売され、いちおう、封印は解かれている。

【MUSIC №4】

ヨイトマケの唄

【差別用語で封印された過去があった!?】

INFORMATION

歌／丸山明宏
作詞・作曲／丸山明宏
（1965年）

（上）キングレコードから発売された「ヨイトマケの唄」のレコード

ヨイトマケの母に感動

美輪明宏が、まだ丸山明宏を名乗っていた頃の作品だ。

三輪は、長崎市の出身で、1945年に被爆している。国立音大付属高校を中退し、17歳で銀座のシャンソン喫茶・銀巴里《ぎんパリ》と契約。プロ歌手としてデビューする。

1957年、シャンソン「メケ・メケ」がヒットし、天性の美貌と独自のファッションで注目される。しかし、同性愛者であることを告白すると、人気は急落。当時、ゲイに対する偏見は強く、活動の範囲はせばめられていった。

そんななか、たまたま知り合ったある男から聞いたエピソードから、ひとつの名曲が生まれる。その男は、使用人の裏切りで目の前で両親を惨殺され、貧しい祖父に養われた。が、祖父は無理がたたって亡くなる。たった1人、アルバイトをしながら苦学をつづけ、大学を出て、工事現場を指揮するエンジニアになったという。

立派に働くその男の工事現場を訪れたとき、三輪は、自分の小学生の頃のことを思い出す。クラスで一番汚く、貧乏で、出来の悪い子ども。その子の母親は、参観日でも、半纏《はんてん》にモンペ姿。でも子供への愛情は深かった。

三輪は、ときどき、その子の母親が働いているところにいくようになった。家を建てるための地ならしに、同じようなヨイトマケ（土木作業を日雇いでする人）のおばさんたちが、やってくる。みんな明るい。仕事がはじまると、地ならしのための重しを引っ張る。そのとき、「〜のためならエンヤコーラー」と威勢のいい声があがった。

その声がまざまざと蘇り、インスピレーションを得た三輪は、一気に書き上げた。それが「ヨイトマケの唄」だった。

♩父ちゃんのためなら　エンヤコラ
母ちゃんのためなら　エンヤコラ
もひとつおまけに　エンヤコラ
今も聞こえる　ヨイトマケの唄
今も聞こえる　あの子守唄

（中略）

子供の頃に　小学校で
ヨイトマケの子供　きたない子供と
いじめぬかれて　はやされて
くやし涙に　くれながら

泣いて帰った　道すがら
母ちゃんの働く　とこを見た
母ちゃんの働く　とこを見た
（中略）
慰めてもらおう　抱いて貰おうと
息をはずませ　帰ってはきたが
母ちゃんの姿　見たときに　泣いた涙も
忘れはて　帰って行ったよ　学校へ
勉強するよと　言いながら
勉強するよと　言いながら

ヨイトマケの母をもつことを理由にいじめられるが、泥にまみれて働く、強い母の姿にはげまされる。グレずに、勉強して、エンジニアになる。苦労苦労で死んでいった母に捧げる唄である。

いつのまにか放送禁止

シャンソン喫茶などで歌ってみると、はじめは笑い出す客も、みな、終わったときには涙していた。それからリサイタルで歌うと、テレビのモーニングショー出演オファーがきた。

放送後、１週間で2万通もの投書が舞い込むほどの反響となった。すぐにキングレコードから発売され、大ヒットを記録する。

しかしこの唄は、「ヨイトマケ」を歌っていて、差別を助長するからと、いつのまにか放送の表舞台から消え、封印されてしまった。

また、「ヨイトマケ」「土方」が差別用語として、「要注意歌謡曲」にリストアップされていたといわれているが、事実はわからない。

各放送局が放送をするかしないかを判断するのに利用するガイドラインとして、日本民間放送連盟（民放連）が１９５９年に発足させた「要注意歌謡曲指定制度」がある。要注意歌謡曲は不定期に改訂されていたが、１９８３年以降は改訂されていない。指定された年からの効力は5年間とされていたので、１９８８年をもってこの制度は廃止されたと考えていい。最後の１９８３年のリストに、「ヨイトマケの唄」は入っていない。だから各放送局が自主規制という形で封印していた時代があったことは確かだ。

この名曲、近年になって封印は解かれている。２００６年放送の「たけしの誰でもピカソ」（テレビ東京）、さらに、２０１２年12月31日の「第63回ＮＨＫ紅白歌合戦」でフルコーラスが披露され、絶賛されている。

【MUSIC №5】

暗い日曜日

【大量自殺は都市伝説!?　でも、作曲家は自殺】

INFORMATION

作詞／**ラズロ・ヤーヴォル**
作曲／**レジョー・セレッシュ**
（1933年）

（上）1936年に録音・発表された、ダミア版暗い日曜日「Sombre Dimanche」が収録されたアルバム

自殺者が大量発生？

アメリカに端を発する世界恐慌の波が押し寄せ、ナチスの足音が迫る不穏な空気に支配された、1930年代のヨーロッパ。

陰鬱でメランコリックな歌曲がラジオから流れ、普及しはじめたばかりの家庭の蓄音機でも繰り返し再生されていた。

タイトルは、「暗い日曜日」――。

人々は、聴いているうちに、死んでもいいと思えるようになる……。

ハンガリー・ブダペストのある少女は、「暗い日曜日」のレコードとともにドナウ河に入水自殺した。

ドイツ・ベルリンで首つり自殺した若い女性の足元には、しっかりと「暗い日曜日」のレコードがあった。イタリア・ローマで「暗い日曜日」を口ずさんでいた浮浪者の前で、通りすがりの少年が突然河に飛び込み、死亡した。

やがて「自殺の聖歌」と呼ばれるようになった「暗い日曜日」は、ハンガリーのラジオ局で、そしてイギリスのBBCで放送禁止になる。

しかし、実際どれほどの自殺者が出ていたのかは、よくわかっていない。ハンガリーでは、157人が自殺したという説もあるが、これを調査した1983年のハンガリーの本によると、歌と関連した自殺はわずか5人だったとしている。

が、逆にいえば、歌を聞いて自殺した者が少なくとも5人はいたというのだから、ある種、呪いのような魔力はあったのかもしれない。

恋人が自殺はウソ

事実を語ろう。

原曲は、ハンガリーの作曲者レジョー・セレッシュが作っている。

実は彼はまともな音楽教育を受けておらず、口ずさんだメロディーを友人が採譜していた。ピアニストとしても活動していたが、決してうまくなかった。ちなみに、彼が毎晩演奏していたブダペストのレストラン「キシュ・ピパ」は、いまも残る。

もともとの歌詞は、秋の寂しさをテーマにレジョーが書いたが、これを友人のラズロ・ヤーヴォルが書き換えた。「もう帰ってこない恋人を思い、日曜日に、自殺することを決意する。戻ってきた恋人は、死んだ私の瞳を見て、この命よりも愛していたことがわかるだろう」という内容の救いようのない歌詞である。

「暗い日曜日」は、すぐにハンガリーでヒットした。同作のヒットにより、世間からの風当たりが強くなり、レジョーの恋人が自殺したという説があるが、これは伝説にすぎない。販促のため、レコード会社が広めたエピソードだという可能性すらある。

そのことを示唆した映画がある。1948年のフランス映画『暗い日曜日』（ジャクリーヌ・オードレイ監督）。レコード会社が話題作りのために、「暗い日曜日」の作曲者の恋人の自殺という事件をでっちあげようとする筋書き。

もちろん映画はフィクションだが、「暗い日曜日」のヒットの要因になった自殺にまつわる伝説が、捏造されていたことをうかがわせる。

実際のレジョーには美人の妻がいて、彼女は自殺などしていない。

『暗い日曜日』の作詞家ラズロ・ヤーヴォル。物憂げな表情が印象的だ。

作曲者が自殺はホント

1936年、フランスの歌手ダミアが歌ったシャンソン〈Sombre Dimanche〉訳詞：作家ジャン・マレーズ、フランソワ・E・ゴンダ）をきっかけに、「暗い日曜日」は世界中に広まった。女性コーラスをバックに、黒衣の巫女に扮したダミアが荘厳に重々しく歌い上げるそれは、まるでこの世の終わりを告げるかのようだ。

1940年には、ポール・ロブスンが〈Gloomy Sunday〉のタイトルでカバーし、次いでビリー・ホリデー、ルイ・アームストロング、レイ・チャールズらがカバーした。

1941年、ビリー・ホリデーのバージョンがイギリスBBCで放送禁止になったことは事実のようで、これは、第二次世界大戦中の検閲によって、気のめいるような音楽が禁止されていたことによると考えられる。

レジョーが自殺したのも事実。

ドイツ・ハンガリー合作映画『暗い日曜日』（1999）では、ナチス・ドイツが占領する第二次世界大戦中のブダペストで、作曲者の男は自殺するが、現実のレジョーは、戦後の1968年に亡くなっている。

のどの病気が原因で自宅から投身自殺をはかったあと、病院で首をつって亡くなった。しかし、解剖の結果、のどの病気は見つからなかったという。

【MUSIC No.6】

【発売直前に浅間山荘事件が起きて、封印】

世界革命戦争宣言

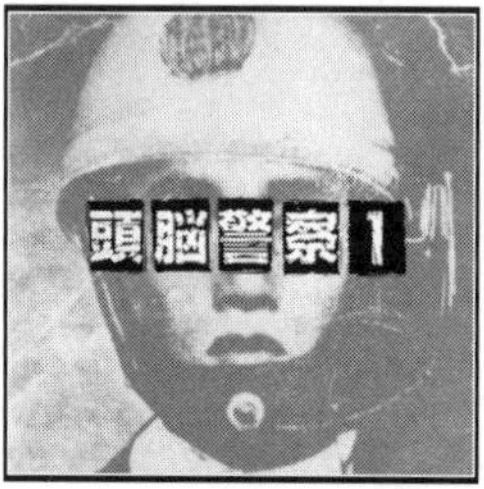

INFORMATION

歌／頭脳警察
作詞／上野勝輝
作曲／パンタ
（1971年）
（上）30年のときを経て、2001年にリリースされたファーストアルバム

赤軍がらみの歌は危なすぎた

頭脳警察は、日本のパンク・バンドの原点といわれる。1969年に登場し、過激なメッセージと攻撃的なパフォーマンスで、なにかと騒動の種をふりまいた。

有名なところでは、1970年5月の日劇ウエスタンカーニバルのステージがある。突然、ヴォーカルのパンタがマスターベーションに及んだのだ。

そんなお騒がせバンドにビクターレコードが注目する。ライヴ盤としてファースト・アルバム『頭脳警察1』が制作されることになった。

1972年1月、京都府立体育館と東京都立体育館で行われたライヴがレコーディングされ、順調に制作が進んだが、プレス直前に発売中止となる。アルバムに収録されたいくつかの楽曲が問題視されたのだ。「暗闇の人生」の麻薬に関する歌詞、「お前が望むなら」「言い訳なんか要らねえよ」の性的表現がそれぞれ問題になった。

だがそれよりヤバいとなったのが、「世界革命戦争宣言」だ。

これは共産主義者同盟赤軍派編として出版されていた本『世界革命戦争への飛翔』の巻末にあった、赤軍派日本委員会・上野勝輝による宣言文を歌にしたもの。パンタが当時通っていた関西学院大学は赤軍派の拠点であったが、本人は政治に深く肩入れしていたわけではない。しかし、この宣言文に衝撃をうけたパンタは、コンサートで歌うようになり、大きな反響をよんだ。

歌詞はストレートに体制を批判する（『世界革命戦争への飛翔』より）。

♪我々はもうそのかされだまされはしない
君達にベトナムの民を好き勝手に殺す権利
があるなら
我々にも君達を好き勝手に殺す権利がある
君達にブラック・パンサーを殺しゲットー
を戦争で押しつぶす権利があるのなら
我々にもニクソン　佐藤　キッシンジャー　ド・ゴールを殺し
ペンタゴン　防衛庁　警視庁
君達の家々を爆弾で爆破する権利がある

浅間山荘事件が発生

「世界革命戦争宣言」とともに「赤軍兵士の詩」という赤軍がらみの2曲は、世に出せる状況ではなくなっていた。

なにしろ、レコーディングの翌月に、連合赤軍による浅間山荘事件が発生している。2月19日、連合赤軍のメンバーが軽井沢の浅間山荘に立てこもると、警察との銃撃戦を繰り広げ、2名の警察官が殉職。2月28日、メンバー全員が逮捕された。

連合赤軍は、赤軍派が弱体化するなかで派生して生まれてきた凶悪組織だが、世間一般からみれば赤軍派と同じに見られる。赤軍派の宣言をベースとした「世界革命戦争宣言」や「赤軍兵士の詩」をレコード化したら、ビクターは赤軍派の暴力を支持するのかと批判されかねない。

当時、ビクターがレコ倫（レコード制作基準倫理委員会）の判断を仰いだのかは不明だが、『頭脳警察1』は会社の自主規制という形で封印されたようである。

自主制作盤が通信販売されていた

不運はつづく。ビクターレコードは、急遽、スタジオ録音によるセカンド・アルバム『頭脳警察セカンド』を制作させる。もちろん、「世界革命戦争宣言」「赤軍兵士の詩」は外した。ところが同年5月の発売と同時に、レコ倫からクレームが舞い込んだ。そもそも事前にレコ倫に歌詞を提出しなかったことがよくなかったようだが、マリファナ、麻薬、幼子に対する血なまぐさい歌詞などが問題になった。

結局、発売1ヶ月でセカンド・アルバムは回収された。しかし、「回収とかいいながら追加プレスしていたんだ」とパンタは回想しており、実際はかなりの枚数が流通していたと見られる。

そしてサード・アルバム。こちらはレコ倫の審査を仰ぎながら慎重に制作を進め、同年10月に無事店頭に並んでいる。発売中止、回収、サード・アルバムの発売と、すべては1972年に起きたことである。これだけなにかと話題を提供していたこともあって、頭脳警察は伝説的なバンドとして存在感を高めていった。

では、「世界革命戦争宣言」は封印されたままなのか？　頭脳警察は1975年に解散するが、じつはそのときファースト・アルバム『頭脳警察1』はひっそりと自主制作盤として販売されていた。雑誌に自主制作盤の販売を告知し、それに気づいて現金書留で送ってきた600人のファンに郵送していたのだ。

その後、『頭脳警察1』は2001年にCD化され、封印は無事に解かれている。

【MUSIC №7】

【観劇したスターリンによって封印された】ムツェンスク郡のマクベス夫人

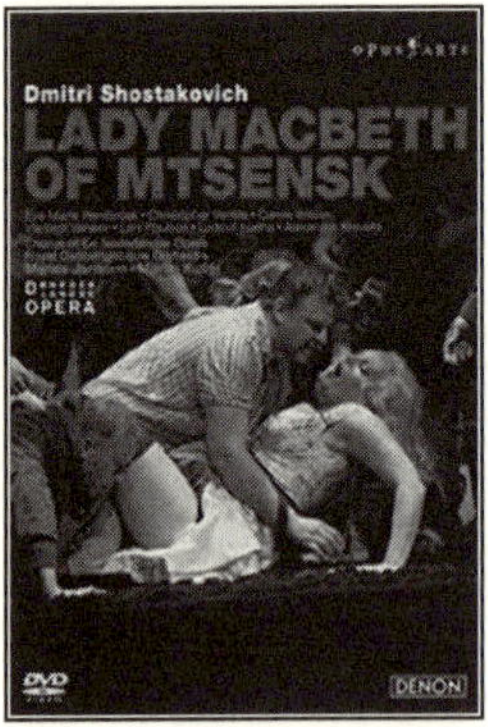

INFORMATION

作曲／ドミートリイ・ショスタコーヴィチ
原作／ニコライ・レスコフ
（1934年初演）
（上）オペラのDVDパッケージ

プラウダ批判の真相

1936年1月26日、モスクワ・ボリショイ劇場、オペラ『ムツェンスク郡のマクベス夫人』公演――。側近を伴って観客席に現れたのは、スターリンだった。

舞台裏では、オペラを作曲したショスタコーヴィチ（1906～1975）が固唾をのんで見守っていた。彼には自信があった。なぜなら、『マクベス夫人』は2年以上にわたって計83回の上演が行われ、大成功を収めてきた作品だから。

ところが、異変が起きた。突然、上演の途中でスターリンが立ち上がり、退席してしまったのだ。

2日後、ソ連共産党中央委員会機関紙『プラウダ』には恐ろしい論文が掲載された。「音楽のかわりの支離滅裂」と題された論文で、無署名だが、明らかにスターリンがショスタコーヴィチを批判したものだった。

「『マクベス夫人』は、国外のブルジョア聴衆に人気を博している。彼らがオペラを一度ならず誉めているのは、このオペラが支離滅裂で完全に非政治的だからではないだろうか？」

この論文が、ショスタコーヴィチを奈落の底に突き落とした、俗にいう「プラウダ批判」である。『マクベス夫人』は、以降、封印されることになった。

『マクベス夫人』の何が問題だったのか？

この作品は、N・レスコフが1864年に書いた同名の小説をもとにしている。封建的な商人の家に嫁いだ主人公カテリーナが、傷心の果てに、不倫、殺人を犯して身を滅ぼしていく悲劇である。ショスタコーヴィチは、性的暴力を克明に音楽で表現しており、この点で、アメリカなどでは、「ポルノフォニー」「寝室オペラ」などと非難されることもあった。

だが、「プラウダ批判」の真の狙いは、こうした表現に対する批判ではなかった。

1934年、第一回全ソ作家同盟大会において、スターリンが提唱する「社会主義リアリズム」という概念が、芸術全般に関わる基本方針として採択された。文学や映画、音楽の創作において、社会主義的でリアリズムを求める、というもので、もっと言えば、ソ連の未来を明るく照らすような作品をつくるべき、としたのである。

これは、芸術分野における統制の強まりが顕著になったことを意味する。権力の集中を強化するスターリンの政策の一環だった。プラウダ批判のあった1936年は、ちょうど大粛清を始めた時期と重なる。ショスタコーヴィチは、見せしめとして利用されたのだ。

スターリンの死後封印が解かれる

プラウダ批判によるダメージは甚大で、ショスタコーヴィチの仕事は激減した。彼には、妻ニーナ、生まれたばかりの長女ガリーナ、さらに、家政婦や乳母がいたが、自分たちの生活を維持しなければならない。

ショスタコーヴィチは、「プラウダ批判」に反論するどころか、むしろ、社会主義リアリズムに従い、名誉回復のためにスターリンに釈明する機会を求めたという。

粛清で恐れられた旧ソビエト連邦第２代最高指導者ヨシフ・スターリン

ところが悲劇は続いた。ショスタコーヴィチは、同年暮れのレニングラードでの初演に向けて『交響曲第四番』を準備していたが、演奏日当日に自ら初演を撤回した。

作品に不十分な点が見つかったからか、あるいはリハーサルの出来に満足しなかったので公演を取りやめたともいわれる。だが真相は、当局が作曲者に接触し「自発的に作品を撤回するように」と圧力をかけた、ということらしい。

プラウダ批判後、スターリンの大粛清はピークを迎え、彼の親類、友人、知人が次々と姿を消していった。ある者は国外に追放され、ある者は強制収容所に収監され、ある者は処刑された。

そんななかでもショスタコーヴィチ本人が生きながらえたのは、家族の生命を守るため、体制に迎合した作品づくりを選択したからだろう。

時代が動いたのは、1953年3月5日。スターリンが亡くなり、スターリン体制下で批判された作曲家の名誉が回復されていった。

ショスタコーヴィチの幻の『交響曲第四番』は復活した。スコアは紛失していたが、残された楽譜からスコアが復元され、1961年12月に初演が果たされたのである。

さらに党中央委員会で、『マクベス夫人』の封印解除が話し合われ、1961年6月、題名を変えることを条件についに上演が認められた。『マクベス夫人』は、妻ニーナに捧げたものだが、彼女の急死以来、ショスタコーヴィチは音楽的見地から改良にあたっていた。その改訂版が、『カテリーナ・イズマーイロヴァ』という題名で、1961年12月、非公式ながら上演されたのである。近年、呪われたオリジナル版が上演されることもある。必見である……。

【MUSIC No.8】

ジュ・テーム・モワ・ノン・プリュ

【放禁・発禁を起爆剤に、全英チャート1位へ】

INFORMATION

歌／セルジュ・ゲンスブール、ジェーン・バーキン
作詞・作曲／セルジュ・ゲンスブール
（1969年）
（上）ジェーン・バーキン版のジュ・テーム・モワ・ノン・プリュ

バルドーの夫が激怒

『ジュ・テーム・モワ・ノン・プリュ』といえば、セルジュ・ゲンスブールとジェーン・バーキンによる、官能的なデュエットとして知られている。

しかし、もともとはゲンスブールの相手は別の女性だった。それがフランスの女優ブリジット・バルドーで、当時、セックス・シンボルとして絶大な人気を誇っていた。

一時期、ゲンスブールと激しい恋愛関係にあったバルドーは、電話口でささやく。

「あなたが想像できる、最も美しいラヴストーリーを書いてほしい」

ゲンスブールは一晩で書き上げた。そのひとつが、「ジュ・テーム・モワ・ノン・プリュ」だった。メロディは、映画『蒼い心』（1967）のために書いたインストゥルメンタルがもとになっている。

1967年の冬、2人は、パリ市内のスタジオに入った。狭いブースのガラスは曇りっぱなしで、現場にいた者は「ヘヴィ・ペッティング」と報告している。

翌日の昼、さっそく2人の歌声は、ユーロップ・アンというラジオで流された。それは歌というより、バルドーの喘ぎ声そのもので、たいへんな騒ぎとなる。

バルドーには当時、ドイツ人の実業家ギュンター・ザックスという夫がいたが、彼は激怒して、すぐにレコードの販売差し止めを要求した。

バルドー自身も、そして彼女のエージェントも、販売には躊躇した。彼女には、もっと大事な仕事が待っており、スキャンダルはありがたいものではない。

バルドーは、ゲンスブールに手紙を書いて販売差し止めを懇願した。ゲンスブールは泣く泣く、その音源を世に出すことなく、封印したのである。

ヴァチカンが激怒

バルドーとの関係が終わったあと、ゲンスブールは、イギリス人のジェーン・バーキンと恋仲となる。

彼女は、映画『スローガン（Slogan）』を通して知り合ったのだが、まだほとんど無名の若手女優だった。

ゲンスブールは、ジェーンに、「ジュ・テーム・モワ・ノン・プリュ」をデュエットしないか、と持ちかける。

ジェーンは、もちろん断った。その曲がバルドーのために書いたもので、レコーディングのときの逸話も知っていたからだ。

だが、いつのまにか、ゲンスブールに説き伏せられてしまう。

レコーディングは、バルドーのときと同じスタジオ。ゲンスブールは、前回あまりにも熱くなりすぎてしまったことを反省し、今度はきっちり作品として仕上げてくる。

それでも、まるでセックスシーンを録音したような歌だった。レコード会社の上層部は、それを聴いて腰を抜かしたが、「これは売れる！」と踏んだ。スキャンダルは望むところだった。ジャケットには、あえて「21歳未満お断り」のコピーをつけることにした。

セルジュ・ゲンスブールとジェーン・バーキン（Photoshot）

1969年に店頭に並ぶと、メディアは、「2人は、ベッドの下に隠したテープレコーダーで録音したのではないか」と書き立てた。
それから、さまざまな問題が勃発した。イタリアでは、ヴァチカン市国発行の新聞で「猥褻」の烙印を押され、発売禁止に。販売元の社長は罰金が科せられ、2ヶ月の執行猶予が付いた。

スペイン、スウェーデンでも、発禁になった。

全世界で600万枚を売る

イギリスのBBCは、放送禁止を宣言した。だが、それが逆に宣伝効果を生み、全英シングル・チャート2位まで駆け上がった。イギリスの発売元に圧力がかかり、発禁になったが、インディーズ・レーベルから復活発売され、ついにシングル・チャートの1位を獲得する。外国語のナンバーで1位を獲得した最初の曲となった。

日本では、「要注意歌謡曲」にリストアップされ、放禁となった。いまでも、公共の電波にのることはあまりない。

放禁、発禁の処分を受けながら、モンスターのように売れつづけたこの曲は、全世界で600万枚以上を売り上げたといわれる。結局、これがゲンスブールにとっての初のヒット曲だったのだが、この一曲で彼はフレンチ・ポップスの象徴的存在に登り詰めたのだ。

ところで、バルドーのバージョンは、完全に封印されたわけではない。1986年、バルドーの許可が下り、ひっそりと世に出ている。

【MUSIC No.9】

網走番外地

【隠語で封印、作者不詳はウソ!?】

INFORMATION

歌／高倉健
原作／伊藤一
採譜／山田栄一
替え歌／タカオ・カンベ
（１９６５年）

（上）１９６５年にテイチクレコードが発売した「網走番外地」

受刑者の歌だった

高倉健が歌う、「網走番外地」。１９６５年の同名映画の主題歌で、２００万枚が売れたといわれる。この歌はどうやって生まれたのか？

東京・練馬区大泉、東映の東京撮影所――。石井輝男監督（P68参照）のもとに、撮影所長の今田智憲《ちあき》から一本の企画が舞い込んだ。それは、網走刑務所の受刑者のあいだで歌い継がれているという「網走番外地」をもとにした作品だった。

実は、伊藤一という作家が、網走刑務所での自らの服役経験をもとに書いた小説『網走番外地』を原作に、同名映画が、６年前の１９５９年に撮られていた。

小高雄二・浅丘ルリ子主演で日活が製作したもので、刑務所に服役した男とその恋人との一途な愛を描いている。歌はなかった。

石井監督は、ただそれをリメークすることには魅力を感じなかった。今田所長の話では、とにかく哀愁にみちた『網走番外地』がテーマ曲となっていればいいという。ならば、と石井監督は、長年温めていたアイデアをもとに、まったく違う脚本を書き上げる。

それは、１９５８年公開のアメリカ映画『手錠のまゝの脱獄』（スタンリー・クレイマー監督）

の日本版を意識したもので、手錠をつながれたまま網走刑務所から脱獄した2人が、北海道の大雪原を逃走するという物語だった。

主演は高倉健。主題歌も、高倉健が歌うことになった。しかし、本人は断るに決まっている。

それを口説き落とすのが、石井監督の大仕事だった。

「これは歌から始まった企画で、ぜひ健さんに主題歌を歌ってもらいたいんだよ」

「僕なんか歌えるはずないでしょ」

そう言う高倉健に、声を出していればいい、と無理やり押し付けた。

果たして高倉健の歌は、お世辞にも上手くはないが、素朴で独特の哀愁を響かせる。

高倉健のヒット曲が放送禁止

♩春に　春に追われし　花も散る
酒《きす》ひけ　酒ひけ　酒暮れて
どうせ　俺らの行く先は
その名も　網走番外地

遥か遥か彼方にゃ　オホーツク
紅い　真っ紅な　ハマナスが
海を見てます　泣いてます
その名も　網走番外地

東映は受刑者が主人公の話に期待していなかったので、作品は白黒で撮影された。ところが蓋を開けてみると、記録的な大ヒットになる。以降、「番外地シリーズ」は18本作られている。そして劇中、なんどか流れる高倉健の歌「網走番外地」は、テイチクからレコード化され、こちらも爆発的に売れた。高倉のほかにも、「網走番外地」はレコード化されているが、売れたのは高倉のバージョンだけである。

しかしこの歌の歌詞には、酒を「きす」といったり、香具師《やし》の隠語が使われている。「酒《きす》をひく」とは、酒を飲むこと。この歌詞が問題となり、発売後すぐに「要注意歌謡曲」に入れられ、放送禁止となった。

この曲の不思議なルーツ

ところでこの歌、前述のように、網走刑務所の受刑者のあいだで歌い継がれているものをもとに、タカオ・カンベが歌詞をおこし、山田栄一が採譜して、世に出たものである。

でも、何もないところから歌は生まれない。実は、この歌にははっきりしたルーツがあった。日活（太奏撮影所）の映画『レヴューの踊り子』（1931）の同名主題歌（歌：田谷力三・羽衣歌子・桜井京）が1931年にビクターから出ている。作曲者は足利竜之助で、本名は橋本國彦。文部省唱歌の『スキー』などの作曲者で、東京音楽学校（現・東京藝術大学）の教授だった人だ。

「レヴューの踊り子」は、テンポは違うが、『網走番外地』のメロディーと同じである。おそらく、「レヴューの踊り子」の替え歌が、網走刑務所の囚人たちのあいだで広まり、歌い継がれていったものと考えられる。一方で、原曲の存在は忘れ去られていった。

高倉健がレコードを出したとき、すでに作曲者の橋本國彦はこの世にいなかった。彼は1949年に44歳で亡くなっている。遺族も高倉の歌に気づかなかった可能性がある。歌詞も違うし、同じ曲とは思えない。

公称は作曲者不詳。でも、放送禁止歌の裏に、文部省唱歌を手がけた真面目な音楽家の姿があったと思うと、興味深いものがある。

【MUSIC No.10】

【自衛隊のPRソングになりかけていた】

自衛隊に入ろう

INFORMATION

作詞／高田渡
作曲／マルビナ・レイノルズ
（1969年）

（上）1969年12月にシングルとして発売された「自衛隊に入ろう」

自衛隊を明るく肯定

フォーク界のカリスマ、高田渡。

体制を批判する風刺のきいた曲で知られ、70年安保の時代に若者の熱烈な支持を集めた。ローカルシーンで地道なライブ活動をつづけていたが、1995年に北海道でのライブ直後に倒れ、56歳の若さで亡くなっている。

デビューのきっかけになった歌が「自衛隊に入ろう」だが、これが放送禁止となっている。

高田渡の歌は、アメリカのフォーク・ソングを原曲にして、歌詞だけ変えるというパターンが多い。

「自衛隊に入ろう」の場合は、マルビナ・レイノルズが1962年に作曲した「andorra（アンドーラ）」のメロディーを借用し、その替え歌としている。

「自衛隊に入ろう」の歌がよかったのは、逆説的なメッセージとなっていることだろう。

当時の反戦フォークは、反戦をストレートに表現し、重苦しい雰囲気の曲調が多かったが、高田の場合は、まったくその逆をいっている。歌詞の字面だけ見たら、自衛隊をこれでもかと持ち上げ、否定的なことは言っていない。曲調は、バカみたいにゆるい脱力系。思わずみんなで合唱したくなるようなメロディーである。

ここに、肯定することが強烈な否定になるという、高田独特の風刺がある。

♩みなさん方の中に
自衛隊に入りたい人はいませんか
ひとはたあげたい人はいませんか
自衛隊じゃ人材もとめてます
自衛隊に入ろう入ろう入ろう

自衛隊に入ればこの世は天国
男の中の男はみんな
自衛隊に入って花と散る

自衛隊から電話

１９６８年に生まれたこの曲は、あちこちのライブで歌われ、その年の8月に開かれた京都の第三回フォーク・キャンプで大きくクローズアップされた。その皮肉とユーモアのセンスは若者たちに支持され、たちまち評判となった。

そしてマスコミにも注目され、テレビのワイドショーで放送された。高田渡と「自衛隊に入ろう」のフレーズは、一気に世間に広まった。

そんなときである。高田渡のもとに一本の電話があった。それは、自衛隊の広報部からのもので、次のような内容だった。

「自衛隊としてこの歌を隊員募集の宣伝のために正式に採用したいのだが……」

どうやら自衛隊は、歌詞のメッセージをまともにとらえて、自分たちが皮肉られていることに気づいていなかったらしい。もちろん、あとにこの申し出は撤回されたという。

本当に自衛隊に入った人がいた

とにもかくにも、有名になった高田のもとには、レコーディングの誘いがあり、１９６９年にデビューアルバム『高田渡／五つの赤い風船』（エイベックスイオ）が発表された。当時まだ19歳。

このデビューアルバムに「自衛隊に入ろう」が収められている。

アルバムの収録は、ライヴ形式となった。事前に知らされていなかった高田は、大阪・毎日放送のスタジオに聴衆がいたことに面食らったという。音源を聞いてみると、フレーズ一つひとつに反応する聴衆の笑いや歓声がそのまま録音されていて、当時のフォーク・ライヴの空気が伝わってくる。

ところで、「自衛隊に入ろう」は、その逆説の意図が理解しにくいのか、この曲を聴いて本当に自衛隊に入隊してしまった人がいたという。ということで高田は、これを演奏することを自ら封印した。

また、一時はテレビ局でも流されていたこの曲は、やがて、放送したらまずい、ということになった。「日本の平和を守るためにゃ　鉄砲やロケットがいりますよ　アメリカさんにも手伝ってもらい　悪いソ連や中国をやっつけましょう」なんて歌詞は、どうみても過激である。

まもなく「要注意歌謡曲」に指定された。しかし、1983年の最終改訂版には入っていないので、どこかで解除されたものと考えられる。

反戦ムーブメントが去ったいまでは、この歌の存在価値は薄れている。だが、福島原発事故をうけて、電力会社を風刺する替え歌となってネット上では話題となっている。

高田渡の替え歌というスタイルを受け継ぎながら、この曲は時代を風刺する機能をこれからも担っていくのかもしれない。

【MUSIC №11】

桃太郎

【戦犯・桃太郎は抹殺されていた】

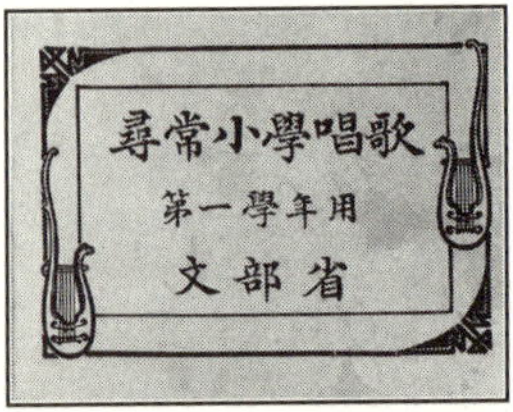

INFORMATION

作詞／不詳
作曲／岡野貞一
（1911年）

（上）「桃太郎」の楽曲が掲載されている、尋常小学校の教科書

桃太郎は盗賊だった！

まず、桃太郎の話はいつ頃できたのか？

これは特定されていないが、文献にはじめて現れるのは室町時代末期のこと。江戸中期には挿絵入りの娯楽本となって流布し、だれもが知る昔話として定着していった。

1887（明治20）年、検定初等教科書『尋常小学校読本』で、桃太郎は採用されるが、このときに筋書きが大きく変えられている。

そもそも桃太郎は、桃を食べた老夫婦が若返り、その結果、夫婦が性行為をして生まれた、というものだった。桃は若返りの効能をもつという桃信仰にもとづく話だった。しかしこれでは子供に読ませるにはよくない。ということで、川から流れてきた桃のなかから生まれてくることになった。いわば、回春型から果生型に変わったのだ。

また、桃太郎が鬼ヶ島へ出かけたのは、たんに財宝を奪うためだったが、これでは桃太郎は盗賊で侵略者にすぎないので、「悪さをする鬼を懲らしめにいく」という侵略の大義を用意した。これで桃太郎は正義の味方になった。

さらに、1894（明治27）年の『日本昔噺』では、桃太郎は「天津神様からの仰せをこうむって」生まれてきたとして、神様の子となっている。
ちょうど時代は、日清戦争（1894）から日露戦争（1904）へと、日本の軍が海をへだてた地にある敵国と戦いをはじめたときである。神に遣わされた「桃太郎」となった日本の兵士は、「鬼ヶ島の鬼」となった敵国の兵士を懲らしめる。こんな構図ができたのである。「桃太郎」は軍国主義のシンボルとして利用されていった。やがて、「鬼畜米英打倒」と、アメリカ・イギリスが鬼扱いされるのも、桃太郎の話と通じる。

鬼ヶ島侵略は「おもしろい」

桃太郎の唱歌にはいくつかあって、1900年に田辺友三郎が作詞、納所弁次郎が作曲した「モモタロウ」、1901年に滝廉太郎が作詞・作曲した幼稚園唱歌「桃太郎」がある。でも、有名なのは、これだろう。

♩桃太郎さん　桃太郎さん
お腰につけた　きびだんご
一つ私に下さいな

文部省唱歌として1911（明治44）年に登場し、子どもたちのあいだで絶大な人気となった歌だ。桃太郎を通した軍国主義教育は、音楽の面からも進められていった。

歌詞をよく追っていくと、桃太郎の本性が透けて見える。

♩そりゃ進め　そりゃ進め
一度に攻めて　攻めやぶり
つぶしてしまえ鬼ヶ島

おもしろい　おもしろい
のこらず鬼を　攻めふせて
分捕ものをえんやらや

鬼ヶ島侵略を「おもしろい」といって、嬉々として財宝を奪っていく盗賊・桃太郎の横顔が見える。

戦時中になると、桃太郎の姿にも遠慮がなくなる。小学校の国定教科書の挿絵に登場した桃太郎は、軍服を着る。戦闘機も操縦する。鬼ヶ島を爆弾攻撃する。おじいさんとおばあさんは、そんな息子を、日の丸の小旗を振って迎える。

海軍省の委託で製作された国産初の長編アニメ映画『桃太郎の海鷲』（芸術映画社、1943年公開）があるが、ここで桃太郎は、空襲部隊を指揮して鬼ヶ島を攻撃する。真珠湾攻撃の戦果をアピールした話となっている。

戦後は教科書から抹殺

軍国主義の手垢に汚された桃太郎は、終戦を境に、不遇の時代を迎える。米軍から、戦意昂揚の罪によって、桃太郎は戦争犯罪人とされたのだ。

戦後の教育は、すべてアメリカ民間情報教育局（ＣＩＥ）の支配下において運営され、教科書に採用する教材はもちろん検閲をうけていたが、教科書から「桃太郎」の姿はすべて抹殺された。もちろん唱歌「桃太郎」も歌われなくなった。

国定教科書が廃止され検定教科書制に移行してからも、平和条約が締結されてからも、教科書に桃太郎は現れなかった。戦時中の軍国主義・桃太郎のイメージが、それほど強烈に人々の脳裏に刻まれていたということだろう。

１９７０年代になって、ある一社が「音楽」の教材に桃太郎の唱歌を採用している。いまでは、桃太郎の歌も昔話も、もとの素朴な桃太郎像として復活しているが、それだけ苦い過去を知る人が少なくなったということだろう。

【MUSIC No.12】

【音楽の教科書から名前が消えていた】

真夏の夜の夢

INFORMATION

作曲／メンデルスゾーン
1826年

（上）「真夏の夜の夢」が収録されたアルバム（シカゴ交響楽団演奏）

ワーグナーからの強烈なユダヤ人排斥

キリスト教が支配するヨーロッパにあって、ユダヤ人は迫害を受け、ゲットーの壁の中の劣悪な居住環境で悲惨な暮らしを強いられていた。

しかし18世紀になると、ユダヤ人の解放に向けた動きがでてくる。その指導的役割を担った人物の1人が、ドイツのゲットー生まれのモーゼス・メンデルスゾーンである。モーゼスは、ヨーロッパ流の高い教養と知識を身につけて、ヨーロッパ社会に同化することを訴えた。

モーゼスの考え方が広まったこともあって、19世紀以降、ヨーロッパで文化人として活躍するユダヤ人が多数あらわれるようになった。思想ではマルクスやフロイト、芸術ではピサロやシャガールなどがいる。そして音楽では、モーゼスの孫にあたるフェリックス・メンデルスゾーン（１８０９〜４７）がその1人である。

フェリックス・メンデルスゾーンの音楽の遍歴をたどってみよう。

彼は、幼いときから英才教育をうけ、音楽で非凡な才能を見せはじめた。その教育を施したのが、父アブラハムだ。アブラハムは、モーゼスの教え通り、十分に教養を身につけ、ドイツのハンブルグで銀行を興し、市民からも尊敬されるユダヤ人となっていた。１８１６年、フェリックスが7歳のとき、アブラハムは、フェリックスをキリスト教のプロテスタントに改宗させた。彼の将来を考えてのことだった。

しかし、キリスト教に改宗しても、ユダヤ人であることで偏見にさらされることもあった。メンデルスゾーンが、ベルリンのジング・アカデミーの指揮者に志願したとき、ユダヤ人であることを理由に反対されている。生涯、ベルリンの音楽界や聴衆からは、彼の才能に見合った評価は得られず、歓迎されることはなかった。

また、同時代の巨匠ワーグナーからは、メンデルスゾーンなどのユダヤ人は「創造でなく模倣をするにすぎない」とバカにされている。ワーグナーはわざわざ偽名を使ってドイツの雑誌に寄稿していた。

そんななかでも、メンデルスゾーンは卑屈にならず、ロマン派的な豊かな表情の格調高い音楽を生み出している。

なかでも有名なのは、『真夏の夜の夢』だろう。

これは、1842年に国王の要請をうけて、シェークスピアの『真夏の夜の夢』をもとに作曲した劇音楽で、12曲からなっている。序曲には、17歳のときに書いたピアノ連弾曲が使われている。8曲目の「結婚行進曲」は、結婚式でお馴染みのあの曲だ。

別の作曲家によって差し替えられていた

メンデルスゾーンは、38歳という若さで亡くなった。死後、イギリスやアメリカなど、世界レベルでは偉大な作曲家として、その音楽の芸術性は広く認められていた。

しかしドイツ国内ではやや事情が異なる。

19世紀後半からユダヤ人憎悪の感情は高まっていて、それが、20世紀前半のナチスの反ユダヤ主義に結びつく。

ナチス党の綱領には、ユダヤ人の排斥が強く訴えられていたが、1933年に政権をとると、音楽分野でもユダヤ人狩りがはじまった。

その最大の標的の1人が、メンデルスゾーンだった。彼の名前は教科書から消され、楽譜の出版も禁止され、演奏することさえ禁止された。

ライプツィヒのコンサートホール・ゲヴァントハウスの前に建てられていた彼の記念碑は破壊された。彼の名前がついた街や通りの名前は、すべて変えられた。そして、彼の代表作『真夏の夜の夢』は、別の作曲家カール・オルフによって、同名の別の曲に差し替えられた。

こうして、メンデルスゾーンとその音楽は、完全に封印されたのである。ナチスの反ユダヤ政策は徹底していて、1937年には、ユダヤ系音楽家の活動や、ユダヤ系音楽家の作品を演奏することも法律で禁止されている。その犠牲になった同時代の音楽家は少なくない。

ウィーン育ちでドイツで活動していた作曲家シェーンベルクは、フランスへの亡命を余儀なくされている。ドイツの指揮者ブルーノ・ワルターは、ナチスによって禁止されていたマーラーの音楽をウィーンで演奏するという抵抗を見せたが、上演中にガス爆弾が投げ込まれるなど、たびたびナチスの妨害にあっている。また、チェコの作曲家エルヴィン・シュルホフのように、ナチスによって音楽活動を妨害され、強制収容所で命を落としたユダヤ人音楽家もいる。

1945年のナチス崩壊とともに、封印は解かれたが、メンデルスゾーンは戦後長らく二流扱いの評価に貶められていた。

シュルホフにいたっては、その音楽が再発見されるまで半世紀を要している。

第3章
封印された書籍

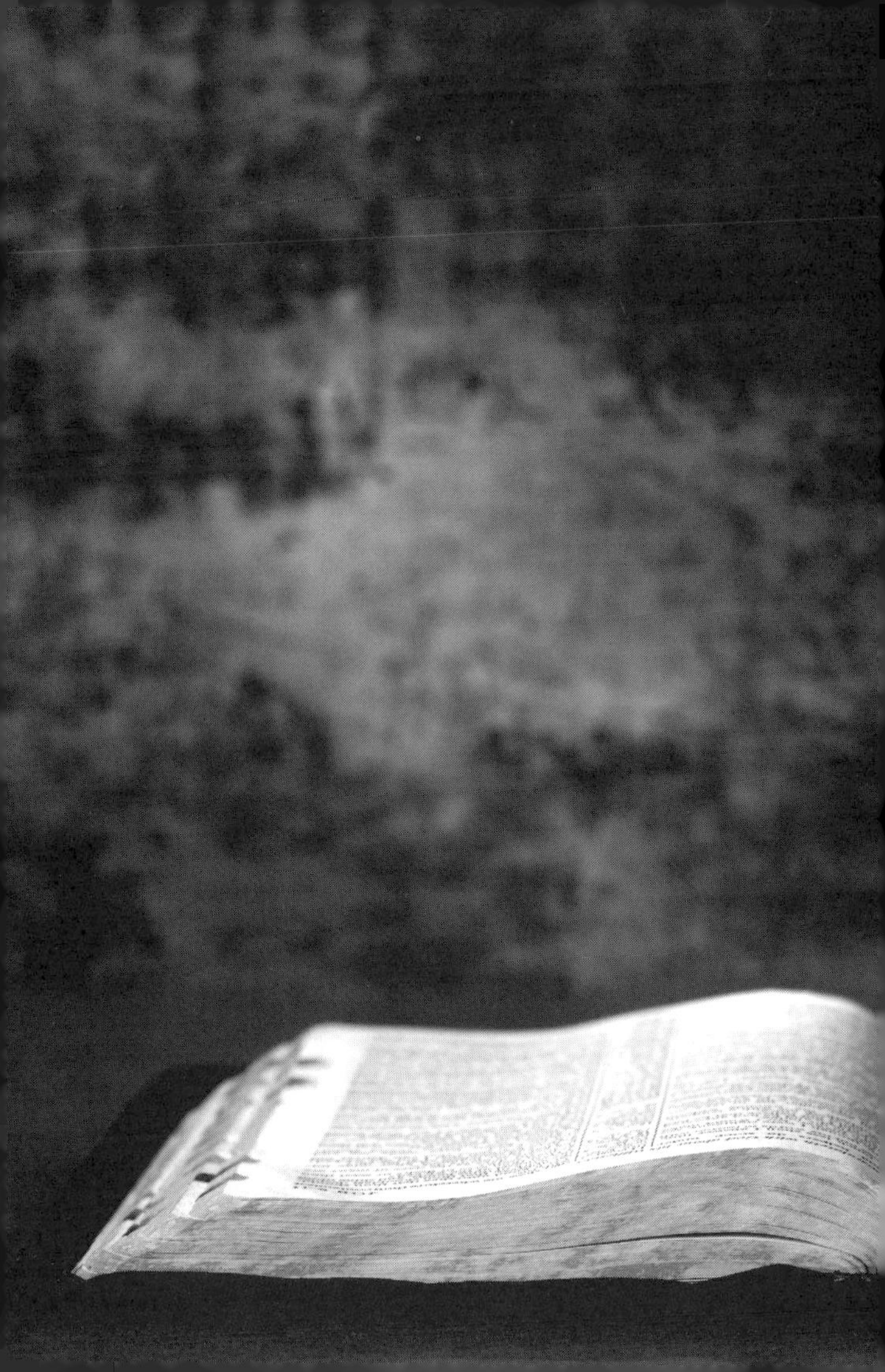

【BOOK No.1】

【翻訳者の死を招いた世紀の問題作】

悪魔の詩

INFORMATION

サルマン・ラシュディ著
（1988年・イギリス、1990年・日本）

（上）1988年初版のカバー
現在は新泉社刊の単行本等で入手可能

イスラムに対する冒瀆⁉

インド出身のイギリスの作家サルマン・ラシュディが書いた『悪魔の詩』は、ジャンボジェット機から海に落下した2人のインド人俳優が、それぞれ大天使ジブリール（ガブリエル）と悪魔となり、時空を超えて不思議な経験をしたり夢を見るという話である。善と悪のシンボルとなった2人のエピソードが交互に語られる。

幻想的で独創的な世界観は文学的には高い評価をうけたが、イスラム教に対する冒瀆ととらえられる部分もあって問題となった。

預言者ムハンマドが悪魔やにせ預言者を指す「マハウンド」と呼ばれていることや、ムハンマドの妻の名を持つ売春婦が登場すること、また『コーラン』は人間が書いたと読み取れることなどである。

出版されたのは、1988年9月26日、イギリスでのこと。その出版前からイスラム教徒の多いインド国内では、混乱を避けるため禁書にむけた運動があり、いちはやく禁書が決まっていた。10月5日にはインド税関法によってイギリス版の輸入が禁じられた。

また、南アフリカやパキスタン、サウジアラビア、マレーシアなど、アフリカから中東、アジアにかけてのイスラム教徒の多い国々では、それから数ヶ月のうちに次々と禁書が決まっている。

その後の混乱を考えれば禁書処分は正解だったかもしれない。

イギリスのイスラム問題活動委員会は「イスラム教の信条と儀式をこのうえなく下品な言葉で描写した」との声明を発表し、本の回収と破棄、謝罪、賠償金を要求した。当時のイスラム教の最高権威アル＝アズハルは、合法的な手段でこの本の差し止めを訴えるように呼びかけた。そして、各地で焚書事件やデモが広がる。

アメリカでは、出版を予定していたヴァイキング・ペンギン社に爆弾による脅しや脅迫状が何千通も届いた。

そして、パキスタンやインドでは、過激なデモや暴動が勃発し、死傷者であふれた。

翌1989年2月14日、イランの最高指導者ホメイニ師は恐ろしい勅令を出す。

「『悪魔の詩』の著者と、その内容を知りながら、出版に関わったすべての者を死刑に処す」

早速、複数の中東テロ組織がラシュディの処刑者に名のりをあげた。恐れをなしたラシュディは謝罪を表明したが、ホメイニ師は受け入れない。ラシュディはイギリス政府の保護下におかれた。同年6月3日、ホメイニ師は亡くなったが、彼の「死刑宣告」はなお有効であると信じられた。ラシュディは2000年にニューヨークに移住し、居住地を明らかにせずに潜伏生活をつづけている。

「悪魔の詩・殺人事件」起きる

著者は保護されて助かったが、各国の翻訳者や発行者はあまりにも無防備だったと言わざるをえない。

1991年7月、イタリア・ミラノで翻訳者エットーレ・カプリオーロが何者かに襲われ、同年10月には、ノルウェー・オスロで本の編集者ウィリアム・ニガードが撃たれた。2人は重傷をおった。

またその年の7月12日早朝、筑波大学の構内でイスラム研究家として知られた五十嵐一助教授（当時44歳）が、全身血だらけで死んでいるのが見つかった。遺体には無数の切創群があるほか、首がほとんど切断されるほど傷ついていた。五十嵐助教授は前年に『悪魔の詩』の訳書を出版していた。

作家のラシュディ（左）と恐ろしい勅令を出したホメイニ師（右）

事件の3日後、イランの反政府組織は、ある通信社に日本での事件は、暗殺団による犯行だとする声明を発表。また、イランの日刊紙『サラーム』は、「全世界のイスラム教徒にとっての朗報」という論調の記事を掲載した。

犯人像につながる決定的な情報はなく、捜査は難航した。ただ、殺害状況から見てプロの暗殺者による犯行の可能性は高い。そうであれば、犯行後すばやく国外に出国しているはず。

当時の茨城県警は「不審な出国者は見つかっていない」と繰り返していたが、実のところ、事件直後の12日に成田空港からバングラデッシュへ出国していた1人の外国人を容疑者として把握していたといわれる。

捜査当局としては国際捜査の場に出ていくこともできたが、それにには国家的な高度な判断も加わってブレーキがかかったともいわれる。この一事件において、イスラム諸国との良好な関係に水を差すようなことは避けたかったからだ。

２００６年7月11日、事件は未解決のまま時効を迎えた。しかし、犯人が海外に逃亡していたとすれば、時効は成立していない。

【BOOK №2】

蟹工船

【度重なる弾圧の末に著者は拷問死】

INFORMATION

小林多喜二 著

（1929年・日本）

（上）初版のカバー

現在は新潮文庫等で入手可能

蟹漁のウインチにつりあげられていた

プロレタリア文学の代名詞とも言える、小林多喜二の『蟹工船』は、実際の事件をもとに描かれている。

蟹工船とは、蟹をとりながら、同時にそこで加工して蟹の缶詰を作っていた海上の工場である。工場だから、「蟹航船」ではなく、「蟹工船」となっている。

船ではあるが、工場であるから、航海法が適用されない。また、工場ではあるが、陸地にいないから、工場法が適用されない。

さらに、操業していたのは、ソ連の領海との境界であるカムチャツカで、国内法と国際法が交差して、現実にはどちらも適用されない。結局、船上には無法地帯が現出していた。

船にのりこんできたのは、ほかに働き口のない百姓や炭坑夫、貧窮の少年たちである。彼らは虫けら同然に扱われた。

事件としてもっとも有名なのは、1926年の博愛丸暴行・死傷事件である。収穫がないからと、見せしめに、漁獲した蟹をつり上げるウインチで労働者がつりあげられた。多くの労働者が、蟹の甲羅をはがす樫棒で強打され長時間労働をしいられ、頭部・耳部を鉄製磁石や釘抜きで強打され、監禁・強制労働で２人が死亡した。

博愛丸の事件はほんの一例で、１９２０年代には、同様の虐待・死傷事件が年に数件発生していた。

博愛丸の事件が『函館新聞』や『小樽新聞』で生々しく報じられたとき、多喜二は拓殖銀行の小樽支店に勤めていたが、資本主義の餌食になってしまう労働者の問題に心を痛め、プロレタリア文学運動の作家としてやっていく決断をする。

発行と発禁をくりかえす

「おい、地獄さ行《え》ぐんだで！」

象徴的なセリフからはじまる小説は、「監督」の浅川が労働者を暴力で支配する。非人間化された労働者たちは、やがて一つひとつの現実と対応するなかで組織化され、階級的意識を形成していく。

多喜二の鋭い視点は、「蟹工船」に欧米列強の植民地と同じ原理を見出したことだ。植民地では、本国の法律にしばられることなく、無法な人殺しができる。蟹工船も同様で、逃げ場もない無法地帯で、労働者が最悪の環境で働かされ、虐げられる。

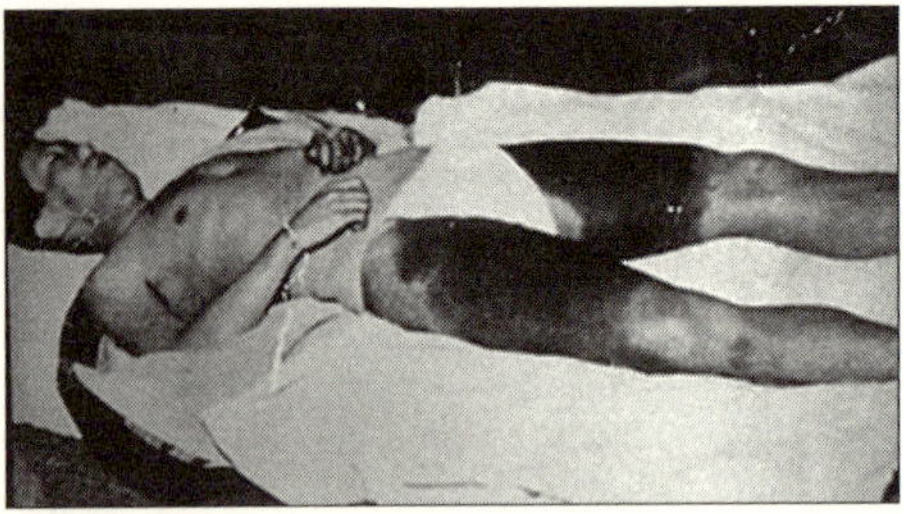

拷問によって死亡した小林多喜二。太ももの内出血の跡から壮絶な拷問が想像される。

多喜二は、「蟹工船」によって帝国主義的な植民地の問題を暴いたのである。

出版に際しては当然、激しい弾圧をうけた。

最初は、プロレタリア文学の代表的な雑誌だった「戦旗」の1929年の5月号に4章までを掲載し、5章以降を6月号に掲載した。これらはかなり伏字があったが、6月号が発禁処分をうけた。それでも両号とも、それぞれ1万2000部を発行した。

同年9月には、『一九二八年三月十五日』とあわせて単行本化。このときは、「どうせ弾圧されるなら」と伏字を復元している。1ヶ月ほどのあいだに1万5000部を発行したが、やはり発禁処分に。さらに11月には、『一九二八年三月十五日』を削除した改訂版を発行。伏字は増加。この版も発禁処分。

さらに翌年3月に、総ルビつきの改訂普及版が発行されている。

拷問によって死んだ多喜二

『蟹工船』以降の多喜二は、『不在地主』や『工場細胞』などを執筆して、資本主義、産業合理化を痛烈に批判していく。拓殖銀行は1929年に解雇された。1930年には、共産党に資金援助をした疑いで検挙される。

釈放後、再び検挙され、『蟹工船』の問題で、不敬罪の追起訴をうける。翌年1月に保釈出獄。その年の10月には当時非合法とされていた日本共産党に入党を果たした。

弾圧をのがれて地下活動に入って執筆をつづけた多喜二だったが、1933年1月、麻布の隠れ家を捜索され、2月20日、築地署特高に逮捕された。そして、その日の夕方、同署での取り調べ中、多喜二は死んだ。30歳だった。

当時の新聞は、「路上徘徊中の小林は、築地署員に逮捕され、逃亡生活による衰弱はなはだしいところから取り調べに耐ええず、病院に運ばれ〈心臓麻痺〉で死亡」と報じている。

しかし実際には拷問があったとされている。友人たちが司法解剖による死因究明を求めようとしたが、妨害された。残された無惨な遺体写真は拷問の痕跡をしめしている。

多喜二の死は『蟹工船』のリンチシーンに重なる。後世の者たちは小説のなかに多喜二の壮絶な最期を重ねないではいられないのである。

【BOOK №3】

【世界中を巻き込む論争を引き起こした】

アンクル・トムの小屋

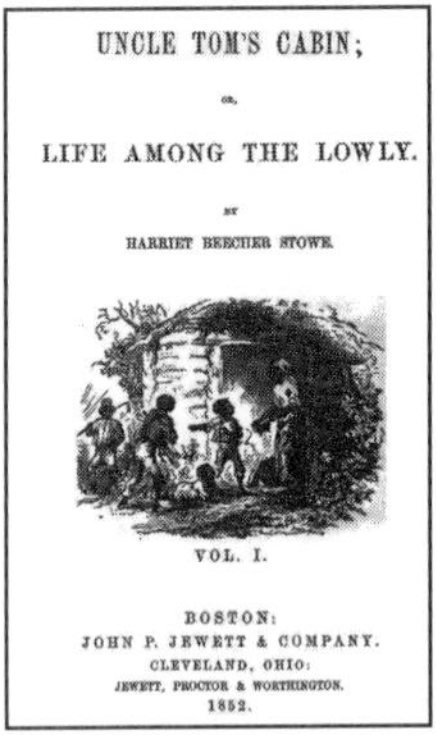
UNCLE TOM'S CABIN;

OR,

LIFE AMONG THE LOWLY.

BY

HARRIET BEECHER STOWE.

VOL. I.

BOSTON:
JOHN P. JEWETT & COMPANY.
CLEVELAND, OHIO:
JEWETT, PROCTOR & WORTHINGTON.
1852.

INFORMATION

ハリエット・ビーチャー・ストウ 著
（1852年・アメリカ）

（上）初版のカバー
現在は明石書店刊の単行本等で入手可能

便乗ソング・便乗商品がはびこる

ストウ夫人が書いた『アンクル・トムの小屋』。

いくつかの奴隷たちの話が語られるなかでも、主役にあたるのは黒人奴隷トムである。トムは、理解ある白人の主人のもとで幸福なときを過ごしていた。ところが、悪辣な農場主のもとに売られ、暴行死する。

最後まで主人への忠誠心を保ちつづけたトムだが、その忠誠心よりも唯一優先されるのが神への信仰だった。結果的にそれが邪悪な農場主を怒らせる結果となった。

本書は、神の下の平等を定めたキリスト教の信仰に訴えながら、奴隷制に対する意識改革が企てられている。たんに奴隷制反対だけを訴えたものではなかった。

この小説は歴史の教科書にも登場する。奴隷制をめぐる南北の対立から勃発した南北戦争（1861〜1865）直前のアメリカで、奴隷制に反対した本として紹介される。リンカーンをして「南北戦争を引き起こした女性」と言わしめた逸話も残る。

ここでは南北戦争が起きた主な原因が本当に奴隷制をめぐる対立にあったのかどうか、という問題には深入りはしないが、同書が奴隷制をめぐる議論に火をつけたことは確かだ。

もともとは新聞の連載小説として始まった。奴隷制廃止を掲げるワシントン・D・Cの週刊新聞『ナショナル・イーラ』に、約10ヶ月間、41回にわたって連載され、大きな反響をよんだ。そして連載終了直前の1852年3月20日、いくつかの改訂を施した2巻本の単行本として出版された。

新聞の発行部数は1万7000部程度だったが、単行本は刊行後8週間で5万部売れた。翌年初頭までにはアメリカとイギリスあわせて100万部が売れた。実は『アンクル・トムの小屋』は100万部売れた初のアメリカ小説であり、19世紀最大のベストセラーだったのだ。

この人気に便乗し、アンクル・トム・ソングやグッズが売り出され、舞台にもなり、一種のブームが巻き起こっている。

論争加熱を喜ぶマスコミ

商業的な成功の一方で、奴隷制を推進する南部では、数々の事件が起きていた。

アラバマ州モービルでは同書を扱った本屋が自警団によって追放され、ヴァージニア大学では焚書事件が起き、メリーランド州のある裁判所では同書を所持する黒人に対して10年間の禁固刑が言い渡された。また、ストウ夫人のもとには、南部から黒人の切り取られた耳が送りつけられたともいわれる。
「反アンクル・トム小説」とよばれる作品もいくつも書かれた。同書で描かれる奴隷に対する性的虐待、母性愛の蹂躙、家庭の崩壊などを否定する内容で、これに対しストウ夫人は、『アンクル・トムの小屋への手引書』（1853）を書いて、物語が全て事実に基づくものだと反論している。論争の活発化で唯一ほくそ笑んでいたのは、部数を飛躍的に伸ばした出版社だろう。

論争の火種は大西洋も越えた。

1855年、ローマ・カトリック教会の検閲により、禁書目録には載らなかったものの、イタリアとすべての教皇領で同書の販売が禁止されている。

教会は不平等な奴隷制を黙認していたが、それに対しストウ夫人は、平等の精神を教える教会には説明する責任があることを、同書の最後において訴えていたからだ。

また意外なところでは、検閲に力を入れていた皇帝ニコライ1世のロシアでも、1852年に禁書になっている。貴族など上層階級の繁栄が下層階級の労働によって支えられていたロシアでは、平等の概念が広まることを危惧したのである。

アメリカでは南北戦争後に奴隷制が廃止された。その時点で『アンクル・トムの小屋』の目的はほぼ達成されたと言っていい。

差別的だと批判される

しかし、人種差別の解消が焦点となった戦後、新たな問題が起きた。小説には、黒人の手はパイ皮を焼くように神様が与えたもの、というセリフがあったり、黒人は奴隷として満足し自由を与えてもそれを拒否するもの、と読み取れる箇所がある。その内容が差別的だと批判されたのだ。

１９５０年代には、主人に絶対服従で、自分や家族の生命や自由のために闘おうとしないトムは、「服従」を示す蔑視的な言葉になった。真の自由を勝ち取るために闘う公民権運動の最中、トムの生き様はなじまなかったのだろう。

隆盛と失墜、これがアンクル・トムが辿った道だった。

【BOOK No.4】

【収容所の恐怖を暴露して、国外追放】

収容所群島

INFORMATION

アレクサンドル・ソルジェニーツィン 著

（1973年・フランス）

（上）ロシア語YMCAプレス版／現在はブッキング社刊の単行本等で入手可能

収容所で過酷な労働をさせられていた

ロシアの作家ソルジェニーツィンは、第二次世界大戦中の1945年、スターリンを誹謗したことを理由に逮捕され、収容所（ラーゲリ）に投獄された。

この収容所は、ロシア革命後に成立したソ連で、共産党政権に反対する勢力を収容するためにできた施設である。

つまり、自国の政府が自国の市民を投獄するために作ったもの。ソルジェニーツィンによれば、収容所はベーリング海峡からボスポラス海峡までソ連全土にちらばり、個々の収容所は「矯正労働収容所管理本部（GULAG）」によって管理されていたという。

収容所では虐待が横行し、過酷な労働を強いられた。大規模な虐殺があったともいわれる。ソルジェニーツィン自身は、1952年まで刑期をつとめたが、その後も流刑地での生活を強いられた。

1953年、スターリンが亡くなった。これを機にスターリン批判が起き、50年代半ばから60年代初めのフルシチョフ時代は自由化・解放がすすむ。いわゆる「雪どけ」といわれる時代だ。ソルジェニーツィンも1956年に流刑地から解放された。

タブー視されていた収容所の実態を告発することを自らの使命と感じたソルジェニーツィンは、1962年、『ノーヴィ・ミール』誌に『イワン・デニーソヴィチの一日』を発表した。これははじめて収容所のことを小説という形で公にした作品である。変革を唱えるフルシチョフは、この出版をみとめ、支持している。同書は世界的ベストセラーとなり、ソルジェニーツィンの名は国際的に知られるようになった。

スターリン時代の強制収容所で過酷な労働に従事させられる人々（写真引用元：http://www.youtube.com/watch?v=tuuAIqIuf-I）

これで勢いづいたソルジェニーツィンは、自らの体験や、227名の証言や記憶、手紙をもとに、長編ノンフィクション『収容所群島』の執筆にむかう。

同書では、1917〜1953年の圧政下のもとで築かれていった収容所のシステムや歴史が詳述され、死刑が行われていたこと、収容所の人間が公共事業のための安価な労働力として活用されていたことが指摘されている。また、公式には発表されていなかった脱走・暴動の様子を生々しく伝える貴重な記録となっている。

原稿を秘密裏に西側に送っていた

ところで国内の風向きはほどなくして変わっていた。

フルシチョフは1964年に失脚。国内の締め付けがふたたび強まった。

あの『イワン・デニーソヴィチの一日』は党・政府の庇護のもと、レーニン賞候補にまでなっていたが、一転、圧力がかかり、強引に候補作から外された。

それだけではない。1964年以降、ソルジェニーツィンの著作はすべてソ連国内で発禁となった。

1965年9月には、作家の友人宅が家宅捜査によって荒らされ、作家の原稿類が没収される事件も起きている。

『収容所群島』は1968年6月までに書き上げられていたが、このような状況でソ連国内での出版は危険すぎた。

そこで原稿をマイクロフィルムにおとして西側に送った。

しばらく出版は躊躇していたが、出版を決断させる事件が起きる。

出版後、著者は国外追放

１９７３年8月、オリジナル原稿を託していたレニングラードの女性が、ＫＧＢ（国家保安員）から数日にわたって執拗な追及をうけ、ついに原稿の在処を教えてしまった。当局は原稿を押収。

女性は解放されたが、そのあと自殺。原稿には、著者にさまざまな情報を提供していた数百名の名前が記されており、彼らの生命をまもるには、出版によって収容所の実態を広く知らしめ、ソ連に対する国際的な圧力を高めるしかなかった。

ソルジェニーツィンは出版許可を出し、１９７３年9月、『収容所群島』第一巻はロシア語版としてパリのＹＭＣＡプレス社から出版された。

翌年の2月、ソルジェニーツィンは逮捕され、市民権を剥奪され、国外追放となった。

もっているだけでも収容所送りとなる危険があった『収容所群島』がソ連国内で解禁されたのは、ゴルバチョフ時代の１９８９年のことである。

【BOOK No.5】

【西洋婦人とのリアルな恋愛体験は禁止】

ふらんす物語

INFORMATION

永井荷風 著

（1909年・日本）

（上）1915年版

現在は新潮文庫等で入手可能

書店にならぶ前に没収されていた

永井荷風には主に3つの禁書がある。はじめが、『ふらんす物語』。これは、1903（明治36）年から1908（明治41）年までの欧米遊学の経験をもとに書かれたものである。

この遊学は、アメリカ4年、フランス10ヶ月で、アメリカのほうが長い。帰国直後の1908年8月、まず『あめりか物語』を博文館から刊行。文壇からの評判はよかった。

翌年3月25日に博文館から『ふらんす物語』を出す。ところが、内務省に納本手続きをとると同時に、27日付けで発売頒布禁止処分をうけてしまう。書店に配本されるまえの出来事で、本は一部のこらず没収されてしまった。

発禁本蒐集家の城市郎氏によれば、このときの初版本は、「製本工程にはいる前に司直の手がのびたので、表紙のない見本刷りの数部しかない」という。結果、いまではいくら金を積んでも手に入らない、激レア本になっている。

『ふらんす物語』は、小説や脚本をいくつか収録したものだ。発禁の正式な理由は明らかにされなかったが、荷風自身は、「まだ一度も発表せぬ巻頭の小説『放蕩』と脚本『異郷の恋』」の2つにあったと想像している。

「放蕩」は、パリ在住の日本人外交官・小山貞吉の退廃的な生活を描写している。パリの娼婦と寝たとき、先住地アメリカ・ワシントンで恋をした娼婦アアマを思いだす。このエピソードは、荷風が実際にワシントンで慰めを求めた娼婦イデスとの関係がベースにあるとされている。「放蕩」は、のちに改削・改題して、「雲」として『ふらんす物語』に収められている。「異郷の恋」は明治の文明を風刺した内容だ。アメリカ人が日本人に、なぜ自国の美しい風習を捨ててしまったのか、と問うのに対し、「あなた方の祖先が悪いのです」と返答するやりとりがある。

荷風は当局からマークされた。

半年後の1909（明治42）年9月、今度は易風社から刊行した短編集『歓楽』も発禁となる。これは、青年と他人の妾との恋愛を描いた表題作「歓楽」が原因とされている。

ワケありな日曜日

発禁処分をうけても「別に驚きもしませんでした」とクールにうけながす荷風。しかし、彼は検閲に無抵抗を貫いたわけではない。

1915（大正4）年1月、『夏すがた』を刊行する。

これは、神田小川町の唐物屋の二代目・慶三が、千代香という決して美人ではないが男なら好みそうな芸者を、妾宅にかこう話。千代香は、葉山という男と密通する。慶三は、一度は縁切りをきめるが、千代香の肉体の魔力にとりつかれ彼女の待合をおとずれる。

男女の入浴、電燈に照らしだされる女の裸体、隣の待合の覗き見など、摘発を十分に予想させる内容となっている。

そこで荷風は考えた。

当時の荷風は、慶應義塾大学・文学部文学科の教授で、自ら創刊した「三田文学」にまず作品を掲載してから、いくつかまとめて籾山書店から作品集として刊行するパターンをとっていた。

ところが、『夏すがた』は「三田文学」に掲載せず、いきなり単行本化した。しかも書店への配本のタイミングは土曜日の夕方とした。日曜日は内務省が休みで発禁手続きがとれない。日曜日1日で一気に売りさばこうという魂胆である。

浅草・ロック座の楽屋で踊り子に囲まれご機嫌の永井荷風
（写真提供：共同通信社）

この作戦はうまくいき、籾山書店で刷った初版1000部は日曜日にすべて売り切ったという。翌月曜日、風俗壊乱の理由で発売禁止の通達がきたときには、版元に一部ものこっていなかった。まんまと官憲を欺いたのである。荷風はこの一件で何度か警視庁へ始末書を差し出したというが、処罰は免れている。

だが、「大学教授にあるまじき述作」と勤務先の慶應義塾大学からにらまれ、事件の翌年には職をおわれた。もちろん荷風には教授職への未練などなかったのだろうが。

荷風にトラウマはあった？

以上の3点のほか、荷風の禁書といえば、戦後の1947（昭和22）年に地下出版された、『四畳半襖の下張』がある。荷風はこのときの警視庁の事情聴取にたいし、強ばった顔で、自作ではない、と否定している。

荷風は著作しただけでこの出版・販売にはかかわっていないので、戦後の法改正では処罰される可能性はなかったのだが、戦前の度々の発禁がトラウマとなっていたのか……。

【ＢＯＯＫ №６】

細雪

【「不謹慎」の理由で連載中止に追い込まれた】

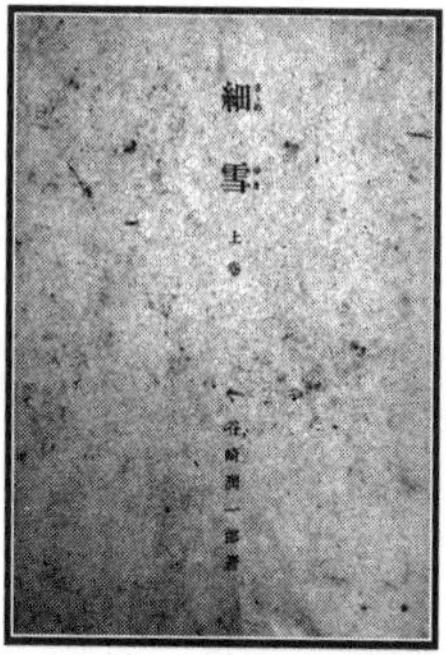

INFORMATION

谷崎潤一郎 著
（上巻・１９４６年、中巻・１９４７年、下巻・１９４８年、日本）

（上）初版のカバー
現在は新潮文庫等で入手可能

戦争とともに連載開始

1941（昭和16）年12月に太平洋戦争に突入した日本は、翌年6月にミッドウェー海戦で敗れ、はやくも劣勢に転じる。空襲が東京を襲う。戦局が悪化するさなか、『細雪《ささめゆき》』の連載ははじまった。

谷崎潤一郎は、松子夫人と自身3度目の結婚をしたばかりで、神戸に住んでいたが、熱海に別荘をかまえ、主にそこで執筆にあたっている。

1942（昭和17）年12月、『中央公論』新年号に連載第一回が掲載された。同号には島崎藤村の「東方の門」の連載第一回も載っていて大きな話題となった。しかし翌年、連載第二回が3月号に載ると異変が起きた。4月2日、『中央公論』編集長の畑中繁雄が陸軍報道部に呼び出しをうけ、杉本和朗少佐から、「戦時下ああした女人の生活をめんめんと綴ったようなものは不謹慎である」と注意されたのだ。

『中央公論』はこれに抗議することなく、連載第三回をもって打ち切りにすることにした。ところが軍や報道部からの圧力はやまず、すでにゲラ刷りまですすめていた第三回の原稿も葬り、連載は終わった。

連載打ち切りの理由は、「作者に於いて改めて考ふるところあり、此の作品が戦時下の読み物にあらざることを感ずるに至り」と、谷崎本人の判断だったかのように伝えられたが、もちろんそんなことはなかった。

谷崎自身、こうした事態においこまれることを予想していなかったわけではない。しかし現実に起きてみると、やはり怒りがこみあげてくる。その感情はこの異常事態に知らん顔をする周囲の様子にもむけられた。

谷崎潤一郎（左）と、『細雪』の舞台になったとされる倚松庵（いしょうあん）（右）

「文筆家の自由な創作活動が或る権威によって強制的に封ぜられ、これに対して一言半句の抗議が出来ないばかりか、これを是認はしないまでも、深くあやしみもしないと云う一般の風潮が強く私を圧迫した」

谷崎は、あとにこう回想している。

トラウマ体験を書き込んだ谷崎潤一郎

連載禁止となっても、谷崎は『細雪』の執筆をつづけた。

『細雪』は、神戸・芦屋の蒔岡家の美しい四姉妹を中心とした華やかな物語である。

もともとは「三姉妹」というタイトルで、上流中流階級の有閑マダムの不倫なども描く予定だったが、谷崎はさすがに戦中にそのような退廃的な面を書くことはためらったようで、四姉妹をさわやかにとらえた作風へと転じている。

物語の中心をしめるのは、つつましやかな雪子と奔放な性格の妙子という未婚の妹たち。上の姉たち、鶴子と幸子はすでに結婚している。

最後、妙子は同棲していたバーテンの子を身籠るが死産に終わる。一方、雪子は東京の貴族出の男のもとへ嫁いでいくのだが、不安からくる下痢に悩まされる。この「下痢」で終わるラストは有名だが、これは、松子夫人の妹で「雪子」のモデルとされる重子が嫁いでいくとき、それを不安な気持ちで見送った谷崎自身の心情が重ねられているといわれる。

もう一つ、『細雪』の解読で有名なのが幸子の流産の場面だろう。「幸子」は松子夫人がモデルとされるが、この流産の場面は、谷崎夫妻のあいだで結婚3年目に起きた中絶の記憶が下地となっているといわれる。谷崎は、そんなトラウマ体験を『細雪』に描き込んだのだ。

私家版にも脅し

さて、『細雪』の連載は禁止されたものの、売り広めなければいいということだったので、谷崎は私家版というかたちで自費出版し、知人たちに配ることにした。

配ったさきには、取締当局に知られないようにとお願いしていたが、いつのまにか情報は漏れ、すぐに兵庫県庁の刑事が神戸の魚崎の自宅にやってきた。そのとき谷崎は熱海にいたので、松子夫人が応対したが、今度だけは見逃すが今後のぶんを出版しないように、と圧力をかけられた。このとき、始末書の提出も要求されたが、それは書くこともなく、それ以上の脅しもなかったという。ただし、準備していた中巻の印刷はさすがに断念せざるをえなかった。

空襲がはげしくなる。東京も大阪も焼けた。松子夫人や知人らと熱海にいた谷崎は、B29の編隊が現れれば防空壕に逃げた。ときには自分だけ書斎に残って書きつづけた。

敗戦濃厚となった1945年、熱海も危なくなって岡山県の勝山で書きつづけ、戦後、京都と熱海で書き上げ、無事出版される。

戦中・戦後の激動とともにあった『細雪』の仕事はこうして完遂された。

【BOOK №7】

わが闘争

【戦後のドイツでは一貫して禁書】

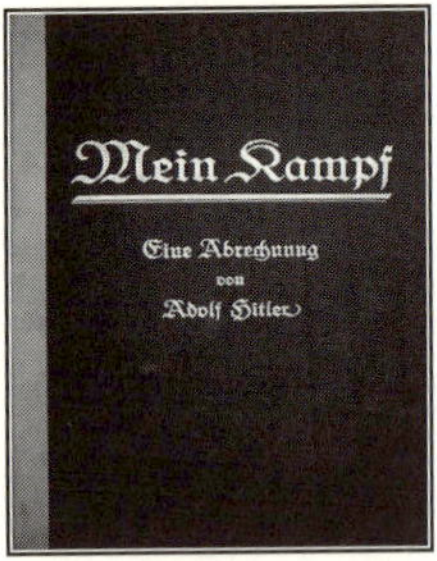

INFORMATION

アドルフ・ヒトラー 著
（1925年・ドイツ）
（上）初版のカバー
現在は角川文庫等で入手可能

獄中で口述筆記されていた

ドイツ労働者党で頭角をあらわしたアドルフ・ヒトラーは、1920年、党名を国家社会主義ドイツ労働者党（ナチ党）とあらため、党首におどりでた。

1923年、政府打倒をめざしミュンヘンでクーデタを起こすも鎮圧され、禁固刑に処せられた。が、まさにこのとき、『わが闘争』が生まれた。ヒトラーは獄中で同朋のルドルフ・ヘスらに口述筆記させ、『わが闘争』をまとめたのである。

この『わが闘争』に記された思想の過激さの一面は、アーリア人種（ドイツ民族）至上主義に見ることができる。

ヒトラーは、世界でもっとも優秀なアーリア人種こそが、世界を支配すべきであると考える。この発想の裏には、ヒトラーのユダヤ人嫌悪がある。ヒトラーは、議会制民主主義、拝金思想、インターナショナリズム、マルクス主義などのすべては世界支配をたくらむユダヤ人から派生したものであり、自分をはじめとする労働者階級のドイツ人を惨めな立場に追いやっている元凶はユダヤ人にあると考えた。だから、歴史と文化のあるドイツを守るには、ユダヤ人を排除しなければならないとする。

また、彼がめざす国家社会主義では、多数決の原理を否定し、決定はひとりの人間がくだすとした。この貴族主義的原理は、同じドイツの思想家ニーチェの思想に通じるといわれるが、超人的な指導者原理と反民主主義がここで示されている。

ヒトラーは、プロパガンダの手法についても言及している。第一次世界大戦の従軍時に、敵が宣伝活動を大いに利用していることに気づいたヒトラーは、プロパガンダが戦争におけるきわめて有効な手段になると見抜いていた。

戦後のドイツでは禁書

1925年と1926年に上・下巻がそれぞれ出版された。が、売れ行きは芳しくなかった。じつはヒトラーは、1928年に続編ともいうべき『続・わが闘争』を口述筆記させていたが、『わが闘争』の売り上げが悪いことから、これは出版を断念したとされている。

ところが、ナチスの勢力拡大とともに本の売れ行きは伸び、ドイツでもっとも読まれる本の1つとなる。1933年時点で、かつてヒトラーが囚われたミュンヘンでは100万部を突破し、第二次世界大戦までに国内で1000万部が出版されたとされる。

しかし、ナチスの伸張を警戒する海外では嫌悪されるべき本となっていた。アメリカでは、出版を準備していたホートン・ミフリン社に対し、新聞社、市民、アメリカ・ユダヤ人らが激しく抗議し、出版取り消しを求める声が高まった。だが同社は、1933年、強引に出版にふみきっている。

チェコスロヴァキアのプラハでは、1933年、『わが闘争』の販売と流通が禁止された。同年、ポーランドのワルシャワでは、裁判所が「侮辱的」という理由で禁書扱いにしている。オーストリアでは、1937年、プロパガンダとして使用しないことを条件に発行が許可されている。

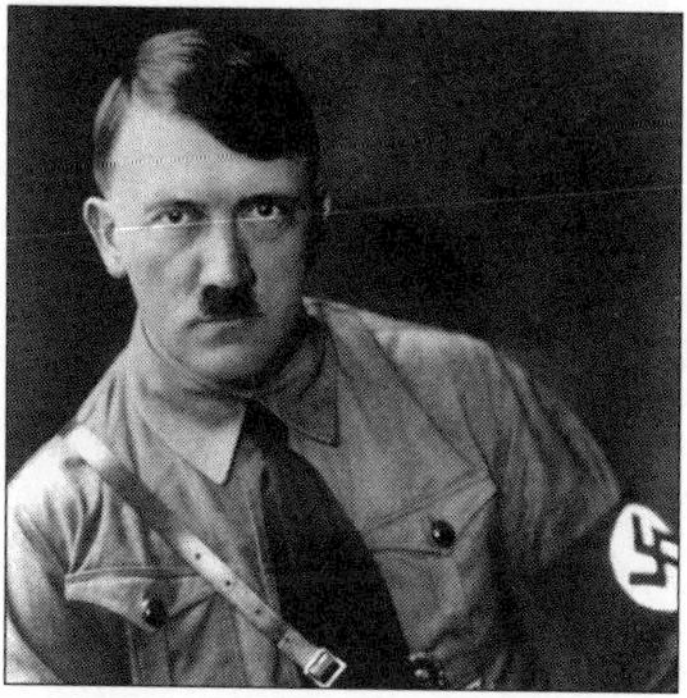

人心掌握術に長けていたヒトラーは、またたく間にドイツ国民の心をつかんでいった

『わが闘争』の行き着くさきは、聖書の駆逐だ。1942年、ドイツではすべての教会を国有化してキリスト教をなくすことをめざす指針が出されたが、そこでは、聖書の印刷と頒布は中止。

そのかわり、『わが闘争』をもっとも重要な書物として浸透させ、この本に従って生きることが求められた。そして、教会の祭壇から、聖書、十字架などを排除し、「最も神聖な書物」である『わが闘争』を供えるべきとされたのである。

戦後のドイツでは、一貫して禁書となっている。『わが闘争』の著作権を持つバイエルン州が、「ナチス賛美につながる」との理由で、ドイツ国内での出版を許可してこなかったことによる。

2015年、著作権が切れる

2012年1月には、イギリスの出版社がドイツ国内で週刊誌「新聞の目撃者」の付録として『わが闘争』の解説付き抜粋（ドイツ語）を3回にわたり販売する計画を発表したが、やはりバイエルン州が出版差し止めを求めてミュンヘン地裁に提訴し、裁判所は出版差し止めを命じる決定をしている。

結局、出版社側は決定前に販売計画を断念し、『わが闘争』が流布することはなかった。

ドイツでは死後70年で著作権が切れる。1945年に自殺したヒトラーの著書は、2015年いっぱいで期限を迎え、禁書は解かれることに。

そして2016年1月、ドイツのミュンヘン現代史研究所から解説や注釈を加えた『わが闘争』が戦後はじめて再出版された。再出版には数年にわたる議論があったが、あくまでも学術書として出し、極右のネオナチが出版することを防ぐのを目的としたという。売れ行きは好調だ。

【BOOK No.8】

ロリータ

【ポルノとして発禁処分も、ベストセラーに】

INFORMATION

ウラジーミル・ナボコフ 著
（1955年・フランス）
（上）1955年初版カバー
現在は新潮文庫等で入手可能

匿名を希望していた

『ロリータ』は、殺人を犯した中年男性ハンバートの獄中日記の形式で書かれている。

ハンバートは未亡人のシャーロットといっしょに住む、思春期の娘ロリータに心を奪われる。ロリータをもっと自由に自分のものにしたい。彼は好きでもないシャーロットと結婚し、彼女を殺すことを計画するがうまくいかない。

しかし妄想を書き連ねたハンバートの日記を盗み見したシャーロットは、衝撃を受けて事故死する。

果たしてハンバートは、ロリータを連れ出し2年に及ぶ旅に出るのだが、そこで知るのは、じつは彼女は自分が犯すはずだった純潔をすでに失っていることだった。それでも思いを遂げ、ロリータに下劣なサービスをさせては、そのお返しに小遣いを与える。

やがてロリータに逃げられ、精神を病み、復讐心をたぎらせたハンバートは、彼女の相手クィルティ（死んだシャーロットの男友達でもあった）殺しを企てる——。

ロシアからアメリカに渡ってきた作家ウラジーミル・ナボコフは、これといったヒット作がなく、大学で教鞭をとりながらなんとか妻子を養っていた。50歳を超えようかというある日、昔ロシア語で書いて破り捨てた短編をモチーフに『海辺の王国』を書き始める。

これがのちの『ロリータ』だった。一時は執筆を断念したが、妻の励ましもあって、1953年末に書き上げられる。

難産のすえに生まれた作品だった。しかし、待っていたものは人々の無理解だけだった。ナボコフの代理人がアメリカの出版社に売り込みをかけたが、次から次へと断られた。読者からはポルノにしか見えなかったのだ。また、ナボコフがコーネル大学教授の職を守るため、当初、匿名での出版を希望していたことも、出版にはマイナスに働いていたといわれている。

フランスで繰り返される発禁処分

出版社探しは1年以上に及ぶ。フランスで出版したらどうか、というアドバイスにしたがい、ナボコフはフランスの出版社にも送ってみた。そこでも採用されなかった。

が、代理人が持ち込んだオリンピア・プレスという出版社が興味を持った。「トラヴェラーズ・コンパニオン」というポルノ小説を出している出版社である。『ロリータ』をポルノ小説と見る発行人のモーリス・ジロディアスと、あくまでも喜劇と考えているナボコフの見解は食い違っていたものの、1955年に全2巻の英語版としてフランスで刊行される。

若き日のナボコフ

ところが、翌年12月、発禁処分を受ける。ジロディアスは、この措置の撤回を求めるため、ナボコフにも協力を求めるが、「私の作品を道徳的に擁護するのは、作品自体だ」と相手にしなかった。

1957年1月、パリ行政審判所はオリンピア・プレスを支持する裁定を下したものの、翌年の政変で新たに就いた内務大臣が先の決定を不服として訴えを起こし、これが認められ、12月には再び発禁処分が下された。

ところが1959年4月、フランスの大手出版社ガリマールがフランス語版を刊行。フランス語版が認められているのに、英語版が認められないのはおかしい。悪名高きオリンピア・プレスといえども、この訴えは支持され、1959年に英語版も復活した。

急速に高まっていく存在感

一方、1955年当時、イギリス税関はこの本の持ち込みを禁止していたが、英国小説家のグレアム・グリーンは『サタデー・タイムズ』紙上で、今年の収穫3冊の1冊として『ロリータ』を取り上げた。これに対し当然、ポルノ小説だと酷評する激しい非難記事も書かれたが、スキャンダルとともに『ロリータ』の名が急速に広まっていったのである。

版権獲得を狙う出版社はいくつかあったが、「少女を誘拐する事件が一つでも起きたらどうするのか」という声が飛び交うなか出版は遅れ、ようやくイギリスで出版されたのは、猥褻出版物法が成立した1959年のことである。

アメリカでは、1957年に本の持ち込みが解禁されている。

訴訟を恐れるアメリカの出版社はなかなか手を上げなかったが、解禁の翌年8月にパトナム社が出版すると、3週間で10万部が売れたといわれる。やがてキューブリックが映画化（1962）し、「ロリータ」という用語は心理学からファッションまでさまざまな意味を内包しながら派生、拡散しつづけていったのである。

【BOOK №9】

チャタレー夫人の恋人

【猥褻文書になり、版元は倒産していた】

INFORMATION

D・H・ロレンス 著

（1928年・イタリア）

（上）新潮文庫等で入手可能

ロレンスは性的不能に陥っていた

上流階級の准男爵クリフォード・チャタレーは、第一次世界大戦で重傷を負い、下半身不随に陥った。夫人のコニー・チャタレーは、性的に満たされないばかりか、空虚な暮らしに不満を募らせる。夫の友人たちと関係を持つが、彼女のいらだちは強まるばかり。あるとき、跡継ぎがほしいクリフォードは、コニーに言う。

「他の男の子どもを作ってくれればいいのだが」

他人事のように言う夫の申し出に嫌悪感を抱くコニーだが、いつしかメラーズという森の番人に惹かれ逢瀬を重ねる。そして、メラーズとの子どもを身籠ったコニーは、クリフォードと離婚し、メラーズと一緒になろうとする……。

英国の作家D・H・ロレンスの最後の作品『チャタレー夫人の恋人』には、作者の悲劇が投影されている。執筆当時、ロレンスは結核に襲われ性的不能に陥っていた。ロレンスの妻フリーダはイタリア軍人と不倫関係にあり、ロレンスはそれに気づきながら許していたところがある。物語のクリフォードはロレンスそのものである。

自伝的要素から生まれたストーリーは、すでにそれだけでショッキングであるが、この小説が持つ個性はその荒々しい筆致だ。洗練とはほど遠い単刀直入な言い回し。そして何のためらいもなく連発される品性を欠いた生々しい性愛表現……。

作品は1928年に私家版としてイタリアで印刷し、イギリスの購読予約者に郵送する形をとった。しかしそのために国際著作権を取ることができず、海賊版が横行した。これに対抗するため、安価な普及版をパリの出版社から出している。

1929年、アメリカでは早くもこの作品を猥褻図書と見なし、アメリカ国内への郵送、持ち込みを禁止している。

「猥褻か芸術か」裁判

無削除版で、合法的な販売がなされたのは、戦後のことである。しかも、イギリスやアメリカではなく、日本で実現した。

1950年4月、終戦直後の性愛書ブームに乗って、小山書店が伊藤整の翻訳で初の完全版を刊行した。上・下巻あわせて約2ヶ月で15万部が売れ、同年のベストセラー第5位となった。

しかし、同年6月26日、東京地検は同書を刑法175条に規定されている猥褻文書に当たるとして押収し、7月8日に発禁に。訳者の伊藤整と版元の小山書店社長の小山久二郎は起訴され、裁判に。

東京高裁では小山25万円、伊藤10万円の罰金刑が下され、被告らは上告したが、最高裁はこれを棄却。7年にわたる裁判で、結局、被告側が敗訴。「芸術的作品」であることは認められたが、猥褻性があるので有罪となった。

チャタレイ事件に判決

伊藤氏らに罰金

二審判決を支持、上告棄却

社会通念の限界越える

チャタレー事件の最高裁での判決を報じる記事。被告側には罰金の支払いが命じられた（写真引用元：毎日新聞1957年3月13日夕刊）

裁判の間、文化人が続々と証人として出廷し、マスコミでも論争が活発化し、「猥褻か芸術か」が流行語になるほどになった。発禁書をめぐって戦後最大の盛り上がりを見せた事件だった。

この裁判で立派だったのは、版元・小山書店の小山久二郎だろう。執拗な取調べにつき合わされ、裁判に奔走するなかで、本来の業務がおろそかになり、会社を潰している。会社の存続よりも、自己の信念を貫くことを潔しとした結果だった。

性愛書ブームに乗って世界中でベストセラーになる

ところで裁判に負けて完訳本は絶版になったが、伊藤整は、性描写部分を「＊」印とした削除版を1964年に新潮文庫から刊行している。削除版は130万部売れた。

アメリカとイギリスでの完全版の出版は、日本に10年遅れた。しかし、その間に社会の成熟度は増し、性解放の動きも広まり、かえって裁判では良い結果を得ている。

アメリカで完全版が刊行されたのは1959年。グローヴ・プレスから出版された。発売と同時に、郵便公社のクリスンベリー総裁が郵送扱い禁止令を出したことから、出版社側は訴えを起こしたが、連邦地方裁判所の判決は、禁止措置の撤回を命じるもので、出版社側が勝った。

イギリスでは1960年に完全版がペンギン・ブックスから刊行され、発売後6週間で200万部が売れた。公訴局長官が刑事裁判を起こしたが、訴えは棄却されている。イギリスでは、『チャタレー夫人の恋人』解禁とビートルズの最初のLPに挿まれて、「イギリス人のセックスは1963年にはじまった」といわれている。

日本で完訳本が出たのは、1973年。講談社から出た羽矢謙一の翻訳だ。ちなみに、伊藤整の次男の伊藤礼は、父親の翻訳をベースとした完全版を1996年11月に刊行している。

【BOOK №10】

【国家政権転覆煽動罪で投獄された】

08憲章

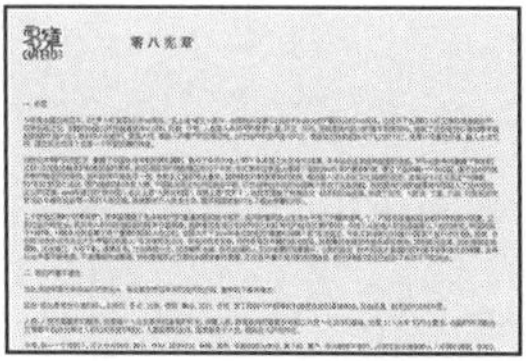

INFORMATION

劉暁波 著

（2008年・中国）

（上）ウェブにアップされた08憲章

http://www.2008xianzhang.info/chinese.htm

天安門でハンストしていた

劉《リュウ》　暁《シャオ》波《ポー》のことを語るには、1989年に起きた中国の民主化運動、天安門事件からはじめなければならない。

学生らによる民主化運動が起きたとき、劉暁波はコロンビア大学の客員研究員としてアメリカにいた。彼は運動に共感したものの、それが「動乱」と伝えられたことに危機感を覚えた。「動乱」ではなく、非暴力の民主的な運動にしなければ悪いイメージのままつぶされてしまう。現場で行動することが大事だと感じた劉暁波は、すぐに帰国し、学生らの輪にくわわった。

6月2日、劉暁波は3人の仲間と天安門広場でハンストを先導する。

しかし、6月4日、武装した兵士らに取り囲まれ、あちこちで銃声があがりはじめた。大量虐殺という最悪の事態を恐れた劉暁波らは、戒厳部隊と交渉し、学生らを平和的に撤退させた。

2日後、彼は「反革命罪」で逮捕・投獄された。公職はすべてうしなった。

1991年、釈放されるが、その後、天安門事件受難者の名誉回復と人権保障を呼びかけたことから1995年~96年まで再び投獄。再び民主化運動をはじめると、96年~99年まで「労働教養」に処せられた。

釈放後は、北京の自宅でフリーランスとして文筆活動をするなかで国際的に高い評価を得た。そのなかで「08憲章」の起草にむかっていく。

天安門事件で、学生に放火され炎上する装甲車と自転車をひいて逃げまどう市民（AFP＝時事）

世界人権宣言と同じ

約4000字にまとめられた「08憲章」は、自由・人権・平等・共和・民主・憲政の基本理念をふまえ、立法・司法・行政による三権分立の確立、民主や人権の保障、言論の自由など19項目がかかげられている。

「08憲章」はあえて簡単に言うと、世界人権宣言と同じことを訴えている。中国でも人権を保障しよう、と言っているだけだ。特別な思想があるわけではない。

しかし、実質的に人権よりも国権が上位にある中国ではたいへんな意味を持つ。

中国の憲法の条文にも「言論、出版、集会、結社、行進、および示威の自由を有する」とあるが、現実には許されていない。逆に人権侵害が行われるような場面がある。だから、これを変えていこうというのが「08憲章」のねらいだ。

劉暁波を中心に「08憲章」が構想されたのは２００５年頃からといわれる。０７年1月に草稿がまとめられ、北京オリンピックのあとの、０８年10月、草案が知識人らに公表された。意見の集約や合意形成は民主的にすすめられた。

そして世界人権宣言採択60周年にあたる２００８年12月10日に、「08憲章」は発表される予定だった。ところが、12月８日に劉暁波が拘束される。

そこで「08憲章」は、予定より1日はやい、12月９日にインターネット上に公表された。そこには学者、作家、一般市民など３０３名が実名で名を連ねた。劉暁波の拘束に対する抗議声明も同時に出された。

翌10日の世界人権デーの式典や記者会見では、各国の政府関係者が劉暁波の拘束を批判し、海外メディアで大きく報道された。

一方、中国国内ではなんの報道もなし。主要な検索サイトでは「08憲章」が削除された。この時期、中国当局は天安門事件20周年にあたる２００９年にむけて、国内で新たな民主化運動が起こることを警戒して情報統制を厳重に行っていた。

ところが、「08憲章」はインターネット上で次々と転載され着実に広まっていた。

２００９年10月までに９７００人の署名を集めていた。地味ながらもじわじわと民主化を求める声は中国国内に広まっていたのである。

ノーベル平和賞、獄中受賞

「国家政権転覆煽動罪」で、懲役11年の判決を受けた劉暁波は、すべての公民権を2年間剥奪され、遼寧省錦州監獄に投獄された。

２０１０年、「長年にわたり、非暴力の手法を使い、中国において人権問題で闘い続けてきた」との理由でノーベル平和賞を受賞した。一度出国したら二度と入国できないので、獄中で受賞した。そして２０１７年6月、十分な治療もうけられないまま肝臓癌による多臓器不全のため61歳で亡くなった。

中国国外から発言することは簡単だが、国内にとどまって危険と隣り合わせで発言し行動することはむずかしい。そこをあえてやったのが、天安門事件以来の劉暁波なのである。

【BOOK No.11】

【アメリカ学校教育で撲滅運動にあっていた】

種の起源

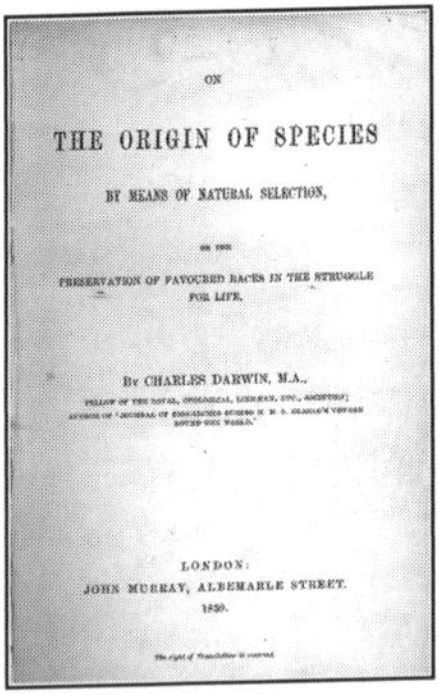
ON

THE ORIGIN OF SPECIES

BY MEANS OF NATURAL SELECTION,

OR THE

PRESERVATION OF FAVOURED RACES IN THE STRUGGLE FOR LIFE.

BY CHARLES DARWIN, M.A.,

LONDON:

JOHN MURRAY, ALBEMARLE STREET.

1859.

INFORMATION

チャールズ・ダーウィン 著

（1859年・イギリス）

（上）1859年版のタイトルページ

現在は岩波文庫等で入手可能

ダーウィンが殺した⁉

「神は死んだ!」とニーチェは言った。が、それよりもまえに神を殺した男がいる。イギリスの植物学者、チャールズ・ダーウィンだ。

キリスト教の考えでは、それぞれの生き物は神によって創造され、永遠に変わることのない「不変」のものとされていた。

しかし進化論では、生き物は不変の存在ではなく「変化」するものととらえられる。生き物は世代をへるごとに変化する。そのとき、気候やそのほかの影響を絶え抜いた種だけが生き残り、数を増やしていく(自然選択説)と考える。

進化論の考え方は、キリスト教の考えに背くもの。だからそれは単なる自然科学の1つの学説にとどまらず、西欧の価値転換をもうながす可能性があった。

ダーウィンは重々それを承知していた。だからこそ、安易には公表できなかったのである。

1844年、植物学者ジョゼフ・ドールトン・フッカーに宛てた書簡には、明確に、「種は不変のものではない」と述べているが、その前置きとしてこんな言葉が記されている。

「殺しを打ち明けるようなものなのですが」

この「殺し」とは、もちろん、「神殺し」のことである。

ダーウィンの母校で禁書

ついに執筆を決断したダーウィンは、1856年5月、自身がまとめた理論を『自然選択』という本に書き上げていった。

ところが、執筆も半ばにさしかかった頃の1858年6月18日、博物学者のアルフレッド・ラッセル・ウォレスが驚愕の論文を送りつけてきた。それは、ダーウィンとほとんど同じ自然選択の考えをまとめた論文だった。

ウォレスはウォレスで、独自に同様の理論を考えるにいたっていたのである。

さらに、1858年7月1日、ダーウィンから進化論の理論を聞いていた前述のフッカーとチャールズ・ライエルが、ダーウィンの1844年のエッセイの抜粋や、ウォレスの論文を、学会で先走って発表してしまう。

いまさら長々しい大著『自然選択』を書き上げるのもバカらしくなったダーウィンは、要約して、『種の起源』という本にした。

発刊されたのは、1859年11月24日のこと。出版者のジョン・マレーは、わずか1250

部だけ刷った。

学術書は500部売れればいいとされた当時、同書は発売当日にあっという間に売り切れとなった。その後も次々と版を重ね、1876年までに1万6000部が売れたといわれる。当時としてはたいへんな売れ方をした。

ダーウィンの説は科学界では高く評価されたが、案の定、一部の批評家からは「神を冒瀆している」として、激しい罵倒をあびた。ダーウィンの母校であるケンブリッジ大学ではダーウィンの著書が禁書となっている。

イギリスよりもアメリカは悲惨だった。

進化論を提唱するダーウィンを揶揄する風刺画（1871年）

20世紀初頭、アメリカの高校の教科書にはダーウィンの進化論が紹介されていたが、1919年に設立された世界キリスト教原理協会（WCFA）が、学校で進化論を教えることに反対する活動を起こした。各地の教育委員会や議会に、進化論を載せた教科書を廃止するよう、執拗な圧力をかけてきた。
その結果、1920年代にテネシー州で「学校で進化論を教えてはいけない」とする法律が成立し、アーカンソー州では「進化論を載せた教科書をつかった教員を解雇する」という法律ができた。これらの法律は60年代まで存続した。

いまだ問題になる『種の起源』

近年になってもこの問題はくすぶっている。1980年代、アーカンソー州とルイジアナ州の教育委員会は、進化論とともに、生物は1人の創造者がつくったとする「創造説」を教えることを義務づけた。

さすがにこれには最高裁が違憲を突きつけたが（1987年）、反進化論者の運動は大きな成果をあげていると言わざるをえない。

2009年のある調査によると、アメリカで進化論を信じる人は、わずか39％にとどまっている。

その2009年は、ダーウィンの『種の起源』刊行150周年にあたり、ダーウィンの進化論をめぐる苦悩をえがいた映画『クリエーション』が話題となったが、配給側は「米国民にとって矛盾が多すぎる」という理由で上映を見送っている。

アメリカでは、まだ「神は死んでいない」のである。

【BOOK №12】

【海外で絶版、はウソだった】

ちびくろサンボの物語

INFORMATION

ヘレン・バナーマン 著
(1899年・イギリス)

(上) 1918年アメリカ版
現在は瑞雲舎刊の単行本等で入手可能

1988年、絶版に

『ちびくろサンボ』が日本で刊行されたのは、まだ海外の絵本が珍しかった1953年のこと。最初は岩波書店からで、これが大ヒット。それから講談社やポプラ社など各出版社から刊行された。

内容は黒人の家族のお話である。お母さんのマンボとお父さんのジャンボに洋服や靴を買ってもらった黒人のサンボが、うれしくなってジャングルに出かけるのだが、出会ったトラたちに身ぐるみをはがされてしまう。

ところがトラたちが争いをはじめ、ぐるぐるまわっているうちに溶けてバターに。そのバターでマンボがホットケーキを何枚も焼いてくれて、家族3人でたっぷり食べた……。

奇想天外なストーリーで、児童書の古典とも言えるものだ。ところがこの本、1988年の暮れに書店の棚から一斉に消えた。

当時の報道によると、12月8日までに小学館、学習研究社、講談社などが自主的に絶版を決めている。その理由は「題名や内容が黒人への偏見をあおる」というものだった。

老舗の岩波書店はしばし静観したが、堺市の「黒人差別をなくす会」から抗議文が届くと数日後に絶版を決めた。残る出版社も追従し、長い間読み継がれてきた『ちびくろサンボ』は入手不可能になってしまった。

『ちびくろサンボ』が差別的だとして運動を起こしたのは、「黒人差別をなくす会」やＡＮＣ（アフリカ民族会議）など。「サンボ」「マンボ」「ジャンボ」が差別語にあたること、絵が黒人には不快であること、ストーリーが愚かで黒人に対し未開というマイナスイメージを与えること、などを理由に挙げていた。

もちろんこうした運動は日本だけのものではなく、欧米でも起きていた。しかし、欧米では絶版にはなっていない。当時の日本では「『ちびくろサンボ』は海外ではすでに絶版になっている」と信じられていたが、これは誤った情報だった。

黒人の子どもたちの推薦図書だった

『ちびくろサンボ』は、スコットランド出身の女性ヘレン・バナーマンが、インド駐在の折に、娘たちに贈った手作りの絵本がもとになって生まれたものだ。１８９９年にイギリスで出版されるとたちまち人気となり、やがて世界中に広まっていった。

はじめて批判的な論調がでてきたのは、１９４５年頃のアメリカだ。『ちびくろサンボ』を

封印の時期を経て復刊された『ちびくろサンボ』（2008年、径書房）

使った小学校の授業について教会の牧師から疑問の声が上がったことなどをきっかけに、全国黒人向上協会の「反人種差別表現キャンペーン」の一環として抗議の対象となった。しかし当初は、絵やストーリーが黒人に対して軽蔑的であるというのが抗議の理由だった。「サンボ＝差別語」というのは、後から副次的に出てきたものと見られている。

その後も論争はつづいたが、結局、アメリカで絶版となることは一度もなかった。

イギリスでも１９７２年に「人種差別に反対する教師の会」が抗議文をだしたのをきっかけに論争が起きている。しかし絶版になることはなく、年間およそ1万部のペースで売れつづけている。となると、日本での絶版騒ぎは奇異な現象だったと言える。

そもそも日本でも、１９７４年に、月刊『絵本』の特集で『ちびくろサンボ』の差別性が指摘されていた。しかし、このときは問題が広がることはなく、絶版にする出版社はなかった。

絶版の背景には１９８８年の特殊な事情があったのだろう。

同年7月22日付けの『ワシントン・ポスト』の記事。そこでは、日本の百貨店の黒人マネキンやサンリオの「サンボ・アンド・ハンナ」が批判的に取り上げられ、アメリカで見かけなくなった黒人差別主義（レイシズム）の亡霊が日本で息を吹き返している、と紹介された。差別問題に無頓着で国際的に遅れた日本人、というわけだ。この時期、日米貿易摩擦が問題になっていたことから、日本人蔑視的なネタは反響があるとみて記事にしたようである。

これに触発され結成されたのが「黒人差別をなくす会」だった。海外の偏見にさらされ、自尊心を傷つけられたのだろうか。

同時期、日本の政治家の黒人差別的発言がアメリカから批判され、報道を通して、日本人は差別問題に疎いのではないか、という空気ができていた。出版社は議論もなく絶版で足並みをそろえていったのである。

その後、擁護派の複数の出版社から復刊され、紆余曲折あったものの、現在ではふつうに購入することができる。

第4章 封印された絵画

【PAINTING №1】

【長い亡命生活を送ることになった名画】

ゲルニカ

作者　パブロ・ピカソ

1937年
油彩、カンヴァス
349.3 × 776.6cm
マドリード、国立ソフィア王妃芸術センター蔵

スペイン館の作品は紛失していた

共和国政府に対して軍が反乱してはじまったスペイン内戦で、バスク地方の古都ゲルニカ爆撃が起きたのは、1937年4月26日のこと。反乱軍を支援したドイツ空軍による激しい爆撃は、多くの民衆を巻き込んだ。

怒りに震えたピカソが、同年7月のパリ万国博のスペイン館に掲げるために急遽作り上げたのが《ゲルニカ》である。モノクロームで描かれたその絵は爆撃の底知れぬ恐怖を感じさせるものだ。

万博閉幕後、内戦の混乱のなかで多くの作品が紛失するなか、《ゲルニカ》は奇跡的にパリのピカソのアトリエへ戻ってきた。

それから、ヨーロッパ各地の巡回展をへて、1939年11月からはじまるニューヨーク近代美術館でのピカソ回顧展に展示するため、アメリカ行きの豪華客船ノルマンディー号に積み込まれた。

結果的にこのアメリカ旅立ちが《ゲルニカ》の長い長い亡命生活のはじまりとなった。この年の9月に第二次世界大戦が勃発し、スペインはフランコによる独裁下におかれることになったからである。ピカソ自身は、ニューヨーク近代美術館に対してはあくまで「貸与」であって、「スペインに人民の自由が確立されたとき」にはスペインに帰還させるとしていた。

落書きされた名画

アメリカにおいては、超保守主義の人々がモダン・アートを狂気の芸術として排斥する動きのなかで《ゲルニカ》が攻撃の対象となったが、ベトナム戦争のときには、平和のシンボルとして見直されるようになる。1967年、ワシントンで行われた反戦デモでは、《ゲルニカ》のなかの死んで横たわる戦士の首から上のフォルムをあしらったポスターが躍っていた。《ゲルニカ》の存在価値が高まると、同年、約400人の美術家や著作家たちが、ピカソにベトナム戦争が続くあいだは、作品をアメリカから引き揚げるように要請した。

また、1969年から1970年にかけて、大衆紙でソンミ村での虐殺事件が報じられると、再び《ゲルニカ》撤去運動が起きた。

罪のない人々を虐殺するアメリカが、この平和のシンボルである《ゲルニカ》を保護する権利はない、というわけだ。しかし表立った政治的な行動を好まないピカソは、この要請には応えなかった。

ベトナム戦争が泥沼化するなかで《ゲルニカ》は丸腰で公開されつづけたが、ついに事件は起きた。1974年4月2日、ニューヨークのアーティスト、トニー・シャフラジがカンヴァスに近づくと、真っ赤なスプレー絵具をもちだし、縦1メートルを超す大きな文字で「KILL LIES ALL（嘘はまっぴら）」と落書きしたのだ。

《ゲルニカ》に書かれた文字の一部（写真引用元：http://www.saatchigallery.com/artists/artpages/felix_gmelin_kill_lies.htm）

シャフラジはこの野蛮な行為を、ベトナムのソンミ村の虐殺に対する抗議だと主張し、ピカソとの「共同作業」と言い張った。

幸い、絵の表面は、1962年の修復のときに透明のニスをかけて保護していたので、比較的簡単に赤絵具は除去することができたが、事件以降、絵のそばには監視員が配備されるようになった。

ピカソが亡くなった2年後の1975年、フランコは亡くなり、鬱陶しい独裁体制は去り、スペインは民主的国家に移行した。

そして、1981年10月24日、ピカソ生誕百年の前日、《ゲルニカ》はマドリードのプラド美術館にやってきた。

1992年以降は、新設されたマドリードの国立ソフィア王妃芸術センターに移され、現在もそこにある。

かつては、テロを警戒して、防弾ガラスのケースのなかに収められていたが、現在は取り除かれている。

やっと《ゲルニカ》は安住の地を見つけたかに見えるが、ひとたび戦争となれば《ゲルニカ》はうごめきはじめる。

国連の《ゲルニカ》は隠されていた

ニューヨークの国連本部の議場の入口には《ゲルニカ》のタピスリが飾られている。2003年2月5日、国連安保理でコリン・パウエル米国務長官（当時）は、イラク侵略を正当化するためにイラクの大量破壊兵器の保有についてパワーポイントによる演説を行った。

このとき、アメリカの求めによって、タピスリはカーテンで覆われ、封印されたのである。《ゲルニカ》の絵が、「イラクに何倍ものゲルニカが再現される」と想像されるのを嫌ったのだろう。

ある種の人々には目障りなものとして、《ゲルニカ》は機能しつづけていくのだ。

1503-1506 年
油彩、板／ 77 × 53 ㎝
パリ、ルーヴル美術館蔵

【PAINTING №2】

【美術泥棒はイタリアの英雄となっていた】

モナ・リザ

作者　レオナルド・ダ・ヴィンチ

犯人はガラス工だった

1911年8月22日、火曜日。パリ・ルーヴル美術館から《モナ・リザ》が忽然と消えた。パリ警視庁の捜査班は、ルーヴルに出入りする職員、配管工や大工、左官、掃除人にいたるまで調べ上げ、全員の指紋を採ったが、何ら手がかりは見つからない。

その一連の過程で、パリ警察はイタリア人のヴィンチェンツォ・ペルージアという男の家宅捜査に入っているが、何ら特別な証拠を得られなかった。

しかし、この男こそ、世紀の美術犯罪の実行犯だった。ペルージアはどうやって絵を盗んだのか。

8月20日、日曜日の午後。ペルージアは観光客をよそおい入館し、2人の男ヴィンチェンツォとミケーレのランチェロッティ兄弟と落ち合った。守衛の点検のすきをついて、模写画家たちの画架などをあずかる倉庫に忍び込み、一晩を過ごす。

翌21日は月曜日で休館日。朝7時、3人は職員用の白衣を着て、清掃や陳列換えの作業をする職員に交じ入ると、ペルージアがすきを見て絵をケースごと外し、奥の階段まで持ち去った。そこで絵のパネルだけを取り出し、白衣の下に隠して逃げた。

じつはペルージアは、パリのガラス工だった。犯行の前年、絵を傷つける事件が相次いでいたことから、《モナ・リザ》は防護ガラスに入れられたのだが、その仕事を請け負った熟練工のひとりがペルージアだった。自分で収納したのだから、出すのも簡単である。

ルーヴル美術館から盗まれた《モナ・リザ》。展示されていた場所から絵が消えている。

無事に外に出ると、タクシーでヴィンチェンツォ・ランチェロッティの情婦のアパートへ。絵を預けて町へ消えた。絵を外してから1時間の早業だった。

パリ警視庁の警官たちが10区の彼の安アパートにやってきたのは、3ヶ月後の11月26日。ペルージアは、尋問をうまくすり抜けたが、唯一きわどかったのは指紋だろう。

ルーヴルに残してきたガラスケースにはペルージアの左手の指紋がついていた。ペルージアには前科があり、すでに二度、指紋を採られていたが、いずれも右手の指紋……。

本来なら左手の指紋も採るべきだが、警察がそれをした形跡はない。指紋の謎は残る。

贋作量産で儲ける黒幕

1913年12月、捜査は下火になっていた。ペルージアは《モナ・リザ》とともに難なく国境を越えてフィレンツェにむかった。レオナール・ヴィンチェンツォという偽名で、フィレンツェの著名な画商アルフレッド・ゲリーに絵の売買をもちかけていた。

ゲリーは絵が本物だった場合を考え、パリ警察とフィレンツェのウフィツィ美術館の館長に知らせ、指定されたホテルへむかった。

ペルージアの部屋で三重底のトランクを開けてもらうと、そこからは、《モナ・リザ》が現れた。入念に調べた結果、絵は本物。

直後に警察が部屋に押し入る。

「《モナ・リザ》はもともとイタリアのものだ！」

と言い放つペルージアは逮捕された。これが事件の顛末である。

しかしもちろん、事件の裏には黒幕がいた。当時、マルケス・エデュアルド・デ・ヴァルフィエルノと名乗り、成金相手に贋作を売り歩いていた人物だ。

事件前年の1910年の秋、ルーヴルの名画が防護ガラスで守られる計画を新聞で読んだマルケスは、すぐに、贋作家イヴ・ショドロンにルーヴルに通わせ、《モナ・リザ》の贋作作りにかからせた。同時に《モナ・リザ》の防護ガラスを取り付けた職人をさがした。そこで見つけたのがペルージアだった。

マルケスのやり口はこうだ。盗んだ絵をそのまま売るなら一作品分の売上げにしかならないが、贋作なら、作った枚数だけ売り、荒稼ぎできる。そこで、贋作を真作だと信用させるために、盗難の事実をつくり、世間を大騒ぎさせるというものである。

このときマルケスは、贋作６枚の売却に成功したといわれる。

一方、マルケスからの連絡がないことにしびれを切らして勝手に行動し、御用となったペルージアは、貧乏クジを引かされたかというとそうでもない。なぜなら、イタリアではフランスに一撃を喰らわせた英雄として十分な称賛をあびていたのだから。

封印を解かれた《モナ・リザ》はというと、ウフィツィ美術館をはじめイタリアのあちこちで展示会をやったのち、ルーヴルへ凱旋し、もとの鞘に収まっている。

【PAINTING No.3】

巨人

【助手の署名で、ゴヤの作品としては封印】

作者　フランシスコ・デ・ゴヤ

1808-1812 年頃
油彩、カンヴァス
116 × 105cm
マドリード、プラド美術館蔵

巨人は、敵か味方か

スペインとフランス国境沿いのピレネー山脈を思わせる山系。そこに垂れ込めた雲のなかから突如、巨人が半身を現す。その背後にあたる前景では群衆や馬、牛が逃げ惑う。教科書にも掲載されるほど有名なこの《巨人》については、スペインの巨匠フランシスコ・デ・ゴヤの1812年の財産目録に載っていたことから、彼の作品とされてきた。そこにあった「巨人（El Coloso）、18番」にあたるとされてきている。

この絵の意味するところは明らかではないが、これまで美術史家らによって解釈されてきた説は大きく2つある。

1つは、「巨人＝ナポレオン、または戦争」とするもの。1807年、ナポレオンのフランス軍はスペインに進軍し、翌年5月、ナポレオンの兄ジョゼフがスペイン王ホセ1世となって、支配下においた。

この歴史から、巨人にはナポレオンや戦争の恐怖が投影されていると考えられる。

もう1つの説は、逆に巨人をスペインの守護神と見る考えだ。

そのベースにあるのが、1808年頃から人々のあいだに広まっていたJ・B・アリアーサの愛国詩『ピレネーの予言』である。

この詩では、スペインの守護神、あるいはスペインの象徴である巨人が、ナポレオンとフランスに戦いを挑み、勝利をおさめる。「巨人＝守護神」というこの説に立てば、絵に力強く現れた巨人は背後のスペインの民衆たちを護っている、ということになる。

2009年世界に衝撃が走った

スペインを代表する巨匠ゴヤのイメージが定着してきたのは、ゴヤ研究が本格化した20世紀も後半になってからのことだ。じつはゴヤのことがわかってから日は浅い。

研究の過程では、それまでゴヤの作品とされていたものが、いくつも否定されている。そしてゴヤを代表する作品のこの《巨人》についても、ここ10年来、疑念がもたれてきていた。研究者によっては、様式のうえからゴヤ以外の画家によるものと見なしたり、19世紀末の作品とする説もあった。

そしてついに2009年1月、知りたくもない事実が明らかになってしまった。

プラド美術館は1931年から《巨人》を展示してきているが、同館でゴヤ作品の主任学芸員を務めるマヌエラ・メナ氏が、分厚い報告書を発表した。そこで、同作がゴヤの作品ではなかったと結論づけたのである。

その傍証となっているのが、来歴である。

もともと《巨人》は、1931年、ペドロ・フェルナンデス氏の遺贈としてプラド美術館にもたらされたが、その前の所有者は、彼の両親のペラーレス侯爵夫妻にあたる。

さらに遡り、夫妻の先代にあたるのが、ペラーレス侯爵・アントニオ・フェルナンデス。彼が絵の最初の所有者にあたると見られる。

ペラーレス侯爵は、ゴヤの助手であったアセンシオ・フリアー（1760〜1832）から絵を手に入れたようだ。

フリアーの画歴はわかっていないが、18世紀末からゴヤのもとで助手となっていたことは確かである。報告書では、作者を「ゴヤの追随者」とするだけで断定はしていないが、このフリアーが、1820年代にゴヤの様式を真似して《巨人》を描き、ペラーレス侯爵が購入したと見るのが自然だ。

発見された「A・J」の署名

《巨人》にはゴヤらしからぬ点があった。

X線撮影の結果、もともと巨人は、立ち姿で正面を向いていたことがわかったのだ。巨人の構図は「正面向き」から「後ろ姿」へ、途中で大幅に変更されていたのだ。これは巨匠らしからぬ変更だ。

そしてゴヤ作を否定する決定的な証拠が見つかった。画面の左下の黒の帯のうえ。

そこに「A・J」の署名があったのである。黒に半分隠れてはいるものの、画集の写真でも容易に確認できるはずだ。いままで誰も気づかなかったことが不思議なくらいである。

「A・J」とは、アセンシオ・フリアー（Asensio Julia）の頭文字。この助手が描いたことはほぼ間違いないのである。

絵から発見された「A・J」のサイン

ということで、「ゴヤの巨人」は封印された。しかしだからといって倉庫に寝かせるわけにもいかない。プラド美術館は、「ゴヤの追従者」の作品として《巨人》の展示をつづけている。

1879年
油彩、カンヴァス
90.2 × 67.9cm
パリ、オルセー美術館蔵

【PAINTING №4】

【手元に置いて一度も売りに出さなかった】

死の床のカミーユ

作者　クロード・モネ

亡き妻を描いたモネ

印象派の画家モネは、亡き妻を描いている。

北フランス、セーヌ河の河口に位置する港町ル・アーヴルで育ったモネは、１８５９年にパリに出て絵を学び、１８６５年のサロンで初入選を果たした。

翌年のサロンのために用意したのが、先輩マネに倣った大作《草上の昼食》（１８６６）だが、この大作は未完に終わり、代わりに大急ぎで《カミーユ、又は緑衣の女》（１８６６）を描いた。《カミーユ、又は緑衣の女》はその年のサロンの話題をさらった。

これら《草上の昼食》や《カミーユ、又は緑衣の女》でモデルを務めていたのが、１８６４年から１８６５年の冬頃に出会った7歳年下のカミーユ・ドンシュー（１８４７～７９）である。

モネにとってのモデルであり、恋人であり、やがて妻となる女性だ。彼女については、モネと同じようなブルジョワの出であることのほかは、よくわかっていない。

モネは、長男ジャンをもうけたカミーユと、１８７０年6月28日に結婚。１８７１年からは、パリ近郊の町アルジャントゥイユに越し、牧歌的な雰囲気のなか、妻や息子のほか、庭や牧草地、川辺の風景、帆船など8年間に１７０点以上もの作品を制作している。

経済的困難はつきまとったものの、モネの前半生においてもっとも充実したときだったといえるだろう。

しかし1876年になると、モネのアルジャントゥイユにおける状況は、のどかなものではなくなった。借金は嵩み、カミーユは重い病気にかかって寝込むようになり、町そのものも開発が進んでかつての輝きを失いはじめていた。

生活に落ちる濃い影

ちょうどその夏、モネは絵を買い取ってくれるパトロンであるエルネスト・オシュデ夫妻に出会った。

ところが、たよりにしていたエルネストは破産し、自殺に失敗したあと、妊娠していた妻アリスと5人の子どもを捨ててベルギーへ逃げてしまう。

すでにオシュデ一家と親密な関係にあったモネは、アリスとその子どもたちを見捨てることができなかったのか、1878年に同居を決める。これで、カミーユと作り上げた親密な家庭は崩壊した。

住まいはパリから離れた小村ヴェトゥイユへ。不況のあおりでモネの収入はますます減り、二世帯の生活は困窮を極める。

そんななか、次男ミッシェルを産んだカミーユが、ますます体調を悪化させ、極度の苦痛で寝たきりになってしまった。彼女の病は、子宮がんの一種であっただろうと推測されている。

長い闘病の果て、衰弱をつづけたカミーユは、夫と幼い息子をおいて1879年9月に亡くなった。わずか32歳だった。

カミーユを献身的に世話していたアリスは、最後の儀式がきちんと行われるように取りはからっていた。

そのそばで、画家は恐ろしい想念に取り憑かれる自分にはっと気づいた。

カミーユの痛ましい額を見つめているうちに、冷たくなった彼女の顔の色が、青、黄色、灰色、と刻々と変わり果てていく様を、冷酷に観察している自分がいたのだ。

それはまだ、筆をとってその表情を記録しようという考えが頭に浮かぶまえのことだ。

生物が最後に放つ色彩の異様な変化を前にしたモネは、カミーユの夫としてではなく、画家としてそこに立っていたのである。

手元に置いたまま封印

画家は彼女を上からのぞきこみ、おもむろにその死に様を描き取りはじめた。腐敗に向かう妻を仔細に観察し、筆の動きに集中した。画家は、気が動転するどころか、かつてないほど冷静だった。

あえて画家に徹することで平静であろうと努めていたのだろうか。あふれんばかりの激しい感情を理性で押さえ込んだ、狂気の姿である。

画家は絵を描くことしかできない。妻を亡くした場面でも画家でしかありえなかったモネに、画家の悲しい性が感じられる。

風景画に多くの時間を費やしたモネにとって、めずらしく大胆な構図で、色彩は消え入りそうに淡いが、息を引き取ったばかりのカミーユの安らかな表情が浮かびあがってくる。

ほとんどの絵を売却したモネだったが、この絵は一度も売りに出すことなく封印していた。生涯、手元に置きっぱなしにされたままだった。

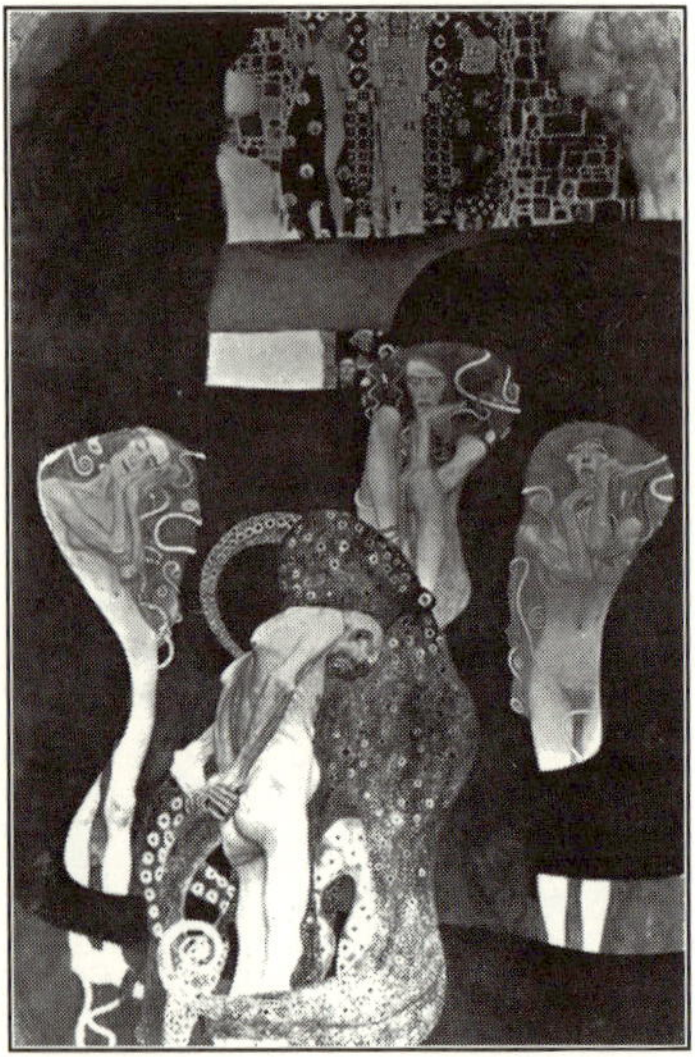

1903-07 年
油彩、カンヴァス
430 × 300cm
焼失

【PAINTING No.5】

学部の絵・法学

【国家と決裂、その後の焼失で永遠に封印】

作者　グスタフ・クリムト

公的機関と仲が良かった

クリムトは、19世紀末のウィーンで名をあげた。

1897年、反アカデミズム的なグループであるウィーン分離派を結成するが、その分離派を1905年に脱退。金箔を大胆に用いる「黄金様式」を推し進め、絵画と装飾性を融合させる独自様式を打ち立てたのである。

性的表現の自由がない当時のウィーンで、接吻を描くことのタブーをあえて破った傑作《接吻》は、1907～08年の作品。「黄金様式」の頂点を極めるものだ。

大胆に革新を突き進んだクリムトだが、じつはこの頃、非常に大きな公的な仕事にかかわっている。それが、1894年に文部省から依頼があった、ウィーン大学の講堂の天井画、いわゆる《学部の絵》である。

しかし革新性を強めるクリムトが提示する斬新な作品は、大学の教授陣らの激しい反発を招き、大論争を引き起こした。

猥雑だ！　掲載誌は没収されていた

《学部の絵》のテーマは、「闇に対する光の勝利」である。依頼主は、科学の合理性と社会的効用を讃える内容を求めていた。4枚の絵のうち、《神学》をマッチュが担当し、そのほかの《哲学》《医学》《法学》はクリムトの担当となった。

最初の一枚《哲学》（1907）の習作は、1900年の分離派の展覧会で発表された。《哲学》は、右側にスフィンクスのような大きな頭部があり、左側に悩み苦しむ仕草を見せる子どもや女性、よぼよぼの老人の一群がある。左下に女性の頭部があり、これが「哲学」を表す。全体では、「理解不能なこの世界の混沌が、哲学（＝女性の頭部）の助けによって理解される」ことを意味する。

ところが、すべてを合理的に理解できるものと考える大学の教授たちにとっては、この世界を理解不能な混沌ととらえることは許し難いものだった。

11名の教授が署名した公開抗議状がたたきつけられた。さらに大学の学長は、「哲学は正確な科学に基づく」という声明を雑誌に発表し、マスコミ、大衆を巻き込んだ、センセーショナルな芸術的・文化的闘争がはじまった。

《医学》の習作が、翌年の分離派展に出品されると、論争は再燃した。《医学》は、右側に人々の群れに骸骨がまぎれていることから、「死」が意味される。最下部にギリシアの医学の女神ヒュギエイアがおり、こちらは「生」を表す。「生」と「死」があるが、そこに癒しや予防をもたらす「医学」の存在はない。

批評家たちは、「医学の悲観主義的見方が表現されている」と非難した。さらに、1人だけ遊離し、下から見上げるように描かれた女性の裸体表現が「猥雑だ」という非難も飛び出した。《医学》の習作を掲載した雑誌は押収され、論争は帝国議会にまで持ち込まれ、クリムトと分離派を擁護していた大臣フォン・ハルテルの責任を追及する声が厳しくなった。

そして1904年、最後の作品である《法学》の習作が分離派展に展示された。《法学》は、上部に「正義」「法」「真実」を表す3人の女性像があり、前景では、3人の裸の女性が、首を垂れた老人を告発する図が展開する。

クリムトは、法律を社会のなかで起きる葛藤を調停するものではなく、犯罪への報復や処罰を意味するものとして描いたのである。

クリムトと文部省への非難は頂点に達した。文部省は注文の取り消しはしなかったものの、絵を大学の大ホールではなく、美術館に展示するよう提案した。それとともに、1904年にアメリカのセントルイスで開かれた万国博覧会に貸し出すことは拒否した。

これでクリムトの我慢も限界に達した。《学部の絵》の制作依頼を断り、すでに受け取っていた前払金をすべて返却したのである。

《学部の絵》の3枚の絵は画家の所有下に置かれた。しかし、一度汚辱をうけた絵に安住の場はなかった……。

灰になった名画

3枚の絵は、第二次世界大戦中にナチスに没収され、戦火を避けてオーストリア北東部のインメンドルフ城に疎開された。ところが、オーストリア戦線のナチス軍は、1945年、退却に際して城に火を放ったのである。3枚の《学部の絵》は、城もろとも一瞬にして消え、永遠に封印されてしまった。いま、私たちは、3枚の絵画の全体像を白黒写真でしか知ることができないのである。

ちなみに、マッチュによる《神学》は、独創性に欠ける平凡なものだが、戦中戦後の混乱もくぐり抜け、しっかりと残っている。

1838 年
油彩、カンヴァス
45.5 × 37cm
パリ、ルーヴル美術館蔵

【PAINTING №6】

【原画は日の目を見ることがなかった】

ショパンの肖像

作者　ウジェーヌ・ドラクロワ

ばっさりトリミングされていた

ウジェーヌ・ドラクロワは、ショパンの肖像を描いている。

それは、なにかに思いをめぐらすような自然な表情のショパンで、とてもリラックスしているように見える。親友ドラクロワの前だから見せた素顔だろうか。

じつは、もともとこの絵は肖像画ではなかった。一見、肖像画として素晴らしいレベルで完結しているように見えるこの絵は、まったく原形をとどめていない。

もともとは100×150cmのカンヴァスに描かれた作品だった。《ショパンの肖像》の大きさは45・5×37cmだから、ほんの一部を切り取ったものにすぎない。

そしてもとの絵からは別の部分を79×57cm切り取って、もう1枚の絵が生まれていた。それが《ジョルジュ・サンドの肖像》である。こちらは《ショパンの肖像》よりは大きく、横顔のサンドの上半身像となっている。

ルーヴル美術館には、もとの絵の全体の構図を伝える準備デッサンが残っている。それによると、画面向かって右側にピアノを弾いているショパンがいて、向かって左側（ショパンの背後、やや手前）にジョルジュ・サンドが立って、その演奏に聴き入っているという構図だったらしい。

《ショパンの肖像》では、ショパンの姿はほとんど顔のアップにまでトリミングされているが、もともとはもっと下の方まで、演奏する腕全体はもちろん、腰のあたりまではあったと考えられている。ジョルジュ・サンドのほうも、もう少し下まであって、腰のあたりまであったようだ。音楽家ショパンと女流作家サンド。巨匠ドラクロワがとらえた世紀の恋人の姿。それがなぜ分割、切り取られてしまったのか？

ショパンもサンドもこの絵のことは知らなかった？

デンマークのオードルップゴー美術館所蔵の《ジョルジュ・サンドの肖像》

ジョルジュ・サンドといえば、「男装の麗人」と呼ばれ、パリの社交界で話題をふりまいていた女性である。

彼女の男勝りの激しい気性に惹かれて親しくつき合っていたドラクロワは、1838年、サンドを介してショパンと出会った。

サンドとショパンはすぐに恋仲となり、その頃の2人をドラクロワが絵に描いたと考えられる。ショパン28歳、サンド34歳。新鮮な恋がはじまり、もっとも惹かれ合っていたときの2人が画中にはいたのだ。それは、2人の心の交感にまで踏み込んだ貴重なシーンとなっていたはずだ。

ところで、この絵がどのような目的で描かれたのかはよくわかっていない。サンドとショパン側からの依頼があったのか、それとも2人へのプレゼントとして描かれたのか。

確かなことは、作画そのものはドラクロワのパリのアトリエで行われたことである。ドラクロワはわざわざピアノを借りてアトリエに置き、それをもとに画中のピアノを描いたようである。

その後の2人は複雑な家庭内のいさかいに巻き込まれ、関係が冷え込み、1847年に破局。ショパンは鬱状態に陥り、その2年後に39歳で亡くなった。サンドは72歳まで長生きした。

問題の絵だが、ショパンもサンドもその絵の存在を知らなかった可能性がある。絵は、1863年にドラクロワが亡くなったときにはじめて、彼のアトリエから発見されたのである。

絵を手にした蒐集家はこう思った。

「破局した恋人を描いた絵は売れない。2人を別々に切り取ればもっと高く売れる」

1863～73年頃、絵は断裁にかけられ、原型が封印された。

カンヴァスの２人は、別々の運命を辿り、今日では、ショパンのほうはルーヴル美術館、サンドのほうはデンマークのコペンハーゲンにあるオードルップゴー美術館に所蔵されている。

絵は未完成だった

ところで蒐集家に絵を切り取る決断をさせた理由には、もう１つあったと考えられている。発見された絵のピアノの部分が着彩されず、未完成だったことだ。

しかしなぜドラクロワは、わざわざアトリエにピアノを持ち込んだにもかかわらず、それを描き上げることを放棄したのか？

幸福の絶頂をとらえながらも、ショパンとサンドの悲しい末路を予感してしまい、筆を入れられなかったのか？　それによって、絵そのものにも悲しい運命が用意されてしまったのだが……。

【PAINTING №7】

【封印されていた壁画が発見された⁉】

アンギアーリの戦い

作者　レオナルド・ダ・ヴィンチ

『アンギアーリの戦い』の模写／ルーベンス
1616 年頃　45.3 × 63.6cm
パリ、ルーヴル美術館蔵

二大巨匠の競演

2012年3月13日、「レオナルド・ダ・ヴィンチの幻の壁画、発見！」とのニュースが世界中を駆け巡った。発見されたのは、フィレンツェ・ヴェッキオ宮殿の「500人広間」に描かれていたとされる《アンギアーリの戦い》。

でも、この発見はホントだったのか？

まず、壁画が描かれた経緯をおさえておこう。

アンギアーリの戦いとは、1440年6月、フィレンツェ共和国軍の傭兵隊が、アンギアーリにて、ミラノのヴィスコンティ家の軍を破った戦いだ。

1503年、フィレンツェ共和国政府が、ヴェッキオ宮殿の大広間の壁画をレオナルドに委託した際、レオナルドはこの《アンギアーリの戦い》を主題に選び、馬による乱闘シーンを中心に描くことにした。

それから数ヶ月後、同じ広間の隣り合った壁面の前には、ライバルのミケランジェロが立っていた。親子ほども年齢の違う巨匠による、たった一度きりの競演が、ここではじめて実現したのである。ミケランジェロは、レオナルドと同じ騎馬像を避けて、男性裸体ばかりの《カッシーナの戦い》を主題とする。

しかし、両作品ともに完成することはなかった。まず、ミケランジェロのほうだが、1506年には原寸大の画稿を完成させていたが、その直後にローマに召喚されて放棄してしまったのである（画稿は紛失）。

レオナルドのほうは、いくつもの習作を経て、下絵を壁面に描くところまでいったようだが、そこで問題が起きた。絵具がうまく定着しなかったのである。レオナルドは、古代ローマのプリニウスの書物にあった方法に倣った顔料で壁に塗り進めたが、顔料を乾燥させるための熱が不十分で、火に遠いところから溶け出してしまった。この失敗で制作をあきらめることになった。

異説もある。レオナルドが残した『マドリッド手稿』には、「絵筆をおこうとしたまさにその時刻に、天気は荒模様となり（中略）…下絵は傷み、雨水は流れ込む」とある。本人の弁では、嵐で下絵が痛んだことが未完の理由だったのである。

暗号発見⁉

いずれにしても絵は幻と終わった、というのが定説だった。

しかし近年、レオナルドの《アンギアーリの戦い》は、同広間のジョルジョ・ヴァザーリの作品《マルチアーノの戦い》（1563）の裏に隠されている、という説が浮かびあがってきた。

ここで鍵を握るヴァザーリとは、画家でもあるが、『芸術家列伝』という書物でイタリア・ルネサンスの芸術家とその作品を詳述した重要な歴史家でもある。

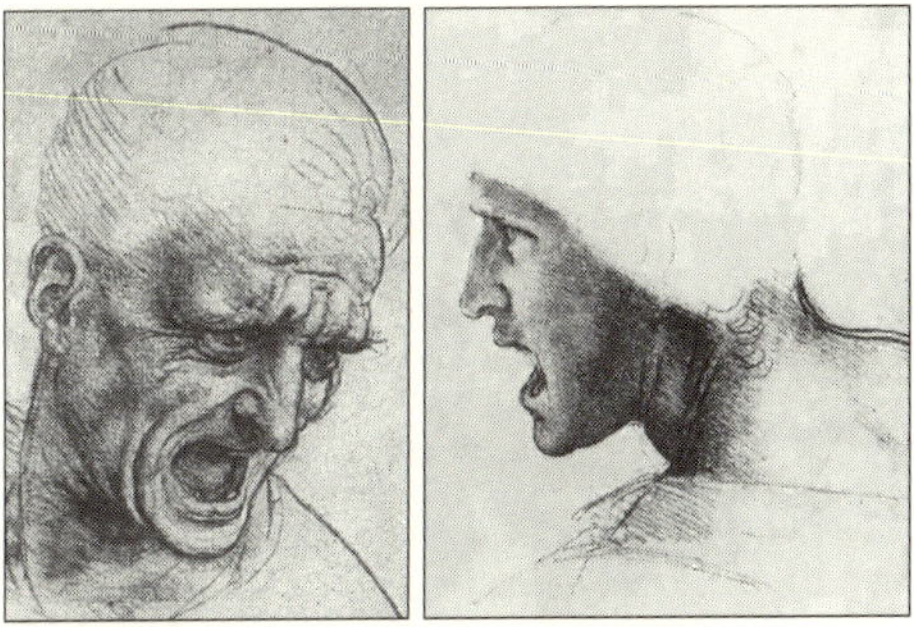
レオナルドによる『アンギアーリの戦い』のためのスケッチ（左）と下絵（右）

ヴァザーリは、1579年に、フィレンツェのサンタ・マリア・ノヴェッラ教会に《ロザリオの聖母》を描くことになったとき、そこにあった巨匠マサッチオのフレスコ画《聖三位一体》（1427頃）の破壊を防ぐため、壁で覆ってその上に自分の絵を描く、という方法をとっている。こうして封印された壁画は、1860年に発見された。ヴァザーリなら、レオナルドの作品に対しても、同じ方法をとるのではないか？

ヴァザーリは、メディチ家の依頼でヴェッキオ宮殿の改装の任務を与えられ、レオナルドの壁画を壊さないといけない立場に立たされた。そのとき、隙間をあけて壁で覆うことで、壁画を傷つけることなく、封印したのではないか？

1975年、米カリフォルニア大学のマウリツィオ・セラチーニ博士らによって調査がはじまった。すると、セラチーニ博士は、ヴァザーリの《マルチアーノの戦い》に描かれた兵士がもつ旗に、「探せ、さらば見つかる（Cerca, trova）」という小さな文字を見つけた。これは、ヴァザーリがレオナルドの壁画の存在を示すために残した暗号である、と博士は主張した。『ダ・ヴィンチ・コード』顔負けの胸躍る展開である。

果たして、調査チームは、ヴァザーリの壁画にドリルで6箇所の小さな穴を開け、絵の下に隙間があることを確認した。そして穴に医療用の内視鏡を使って、隠された壁から顔料のサンプル採取に成功した。解析してみると、レオナルドが他の作品で使用していたものと似た成分だとわかった。これで「幻の壁画、発見！」と騒がれたのだ。セラチーニ博士は、「まだ確定したわけではない」として、さらなる調査を要するとして、その後の調査に注目が集まった。ところがである。2012年9月、突如として調査の中止が謎のまま告げられたのである。ヴァザーリの壁画の損傷という高い代償を払うこの調査に対する反対・非難に配慮したか、何らかの圧力がかかったのだろう。

ということで、《アンギアーリの戦い》の封印解除は、しばらくなさそうだ。

【PAINTING №8】

叫び

【10年ごとに盗まれていた⁉】

作者　エドヴァルド・ムンク

1893年
油彩、パステル、カゼイン、厚紙
91 × 73.5cm
ノルウェー、オスロ国立美術館蔵

窓をたたき割って侵入していた

近年多発する絵画盗難事件のなかでもインパクトがあったのは、ムンクの《叫び》盗難事件だろう。《叫び》は子どもでも知っている名画中の名画。それが、美術品の警備体制が高度化しているはずの現代において、いともあっさりと盗まれてしまったのである。

1994年2月12日、早朝のノルウェー・オスロ国立美術館。車から出てきた2人の男は、あらかじめ隠してあったハシゴを立てて、1人が上りはじめた。

このとき、警備員は定時の巡回を終えて地下でデスク作業をしていて、監視カメラがとらえる不審な映像にまったく気づかなかった。

ハシゴをつたって美術館の2階の高さまでよじ登った男は、躊躇なくハンマーで窓をたたき割り、展示室に侵入。警報が鳴った。

ところが警備員は、誤作動だと思って、監視カメラを確認することなく警報装置をリセットしてしまった。

侵入した男は窓から1メートルのところに掲げられている《叫び》に歩みよると、絵をつり下げているワイヤーを切断し、額縁と防護ガラスに収まって重量のある絵を持ち出し、ハシゴの上から滑り落とした。それを下で待つ相棒がキャッチし、車の後部座席に放り込み、すぐに逃走。わずか1分たらずの盗難劇だった。

それからおよそ10分後に再び警報装置が作動したとき、ようやく警備員が異変に気づいて事件は発覚する。警官がかけつけたとき、《叫び》がなくなってがらんとした展示室には1枚の絵葉書が落ちているだけだった。そこには犯人の文字でこう書かれていた。

「手薄な警備に感謝する」

窓には防犯用の鉄格子がなく、強化ガラスも使われておらず、だれでも侵入できる構造で、絵はワイヤーでつり下げただけで、壁に固定されておらず、警報装置ともつながっていなかった。あまりにもお粗末な警備体制が呼び水となって、《叫び》は窃盗団によって封印されてしまったのである。

囮捜査に引っかかった⁉

捜査が行き詰まりかけていた4月下旬、ヨンセン（仮名）という男が、ウルヴィングという画商を介して、国立美術館に取引をもちかけてきた。絵と引き換えに身代金をよこせというわけだ。ヨンセンはオスロ郊外に盗難品の「額縁」が捨ててあることを知らせ、自分が本物の犯人であることを証明してきた。

ここで、ロンドン警視庁美術骨董課の囮捜査官チャーリー・ヒルの登場である。ヒルは、それまでフェルメール、ゴヤ、ティツィアーノなど数々の名品を取り戻した、美術犯罪における敏腕囮捜査官だ。彼は、ゲティ美術館の欧州担当の責任者クリス・ロバーツになりすまし、ヨンセンに1億円での購入をもちかけた。

5月5日、オスロのプラザ・ホテルで2人は最初の接触をもつ。ヨンセンは、クリスの身辺調査をしたうえで取引を決断した。

2日後、取引がはじまる。まず、ウルヴィングの別荘でクリスが絵が本物であるか鑑定し、本物であることが確認された。

その後、クリスからボディーガードに連絡が入り、プラザ・ホテルの一室で待つヨンセンとその相棒にお金を渡す手筈になっていた。が、そこで部屋に警官がおしかけ、逮捕に。ヨンセンたちは囮捜査にまんまと引っかかっていたのである。

なぜノルウェーの事件にイギリスの警察が手を突っ込まねばいけなかったのか、不思議ではあるが、《叫び》奪還に大きく貢献したロンドン警視庁はノルウェーとイギリスで大きな称賛をあびた。

その後の裁判によって、窃盗の発案者は元プロサッカー選手のポール・エンゲルだったことが明らかになった。

画家のムンク（左）と、2004年に《叫び》とともに盗まれた《マドンナ》（右）

再び盗まれた《叫び》

ところで《叫び》盗難事件はこれで終わりではない。2004年8月22日、再び《叫び》は盗まれた。こんどは同じくオスロ市内にあるムンク美術館。ムンクは生涯に4種類の《叫び》を描いているが、ムンク美術館にもその2枚がある。客でごったがえす館内にあらわれた2人組が、銃で警備員を脅しながら、白昼堂々、《叫び》と《マドンナ》をさらっていったのだ。

2006年8月31日にオスロ市内で無事発見されたが、事件によって絵は損傷を受けていた。こうなんども盗難されてはたまらない。せめて《叫び》ほどの名画を守るだけの警備体制は敷いてもらいたいところだろう。

【PAINTING №9】

【一日も公開されることなく個展は中止】

横たわる裸婦

作者　アメデオ・モディィリアーニ

1917年
油彩、カンヴァス　60 × 92cm
ドイツ、シュトゥットガルト州立美術館蔵

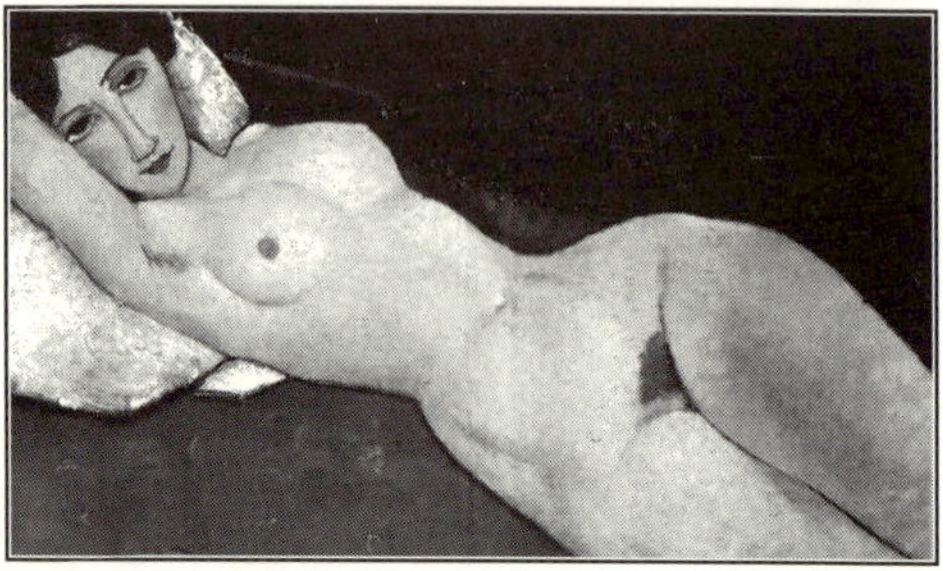

モデルは画家に身を任せたも同然

モディリアーニがヌード画に描いた女性たちの表情はどこか充足感に満ちている。これを見ているかぎり、画家とのあいだに何もなかったとはいえない。彼女たちは、はじめに画家の性的な対象となり、それから表現の対象となったのではないか、と疑いたくなる。《ブロンドの裸婦》（１９１７）を描いていたとき、画商のズボロフスキーが突然ノックもせずにアトリエに入ってきた。

モディリアーニは狂ったように怒り、モデルの少女をアトリエから追い払い、いまにも描きかけのカンヴァスを破ろうとしたという。創作と愛の営みが一体化していたことをうかがわせるエピソードである。

モデルとの性を介した親密な関係があったからこそ、モディリアーニのヌードには性的な空気が濃厚にはりついている。

１９１６年から１９１７年にかけて何枚も描かれたヌードでは、あお向けに身を横たえた女性がいろいろなバリエーションで描かれている。それらはいつも豊かなふくらみの骨盤のあたりが画面の中心を占め、強調されている。

そして、女性の股間は、自分の手や着衣の一部によって隠しているか、隠されていないときは、いわゆるアンダーヘアが黒い三角形をつくっている。これはモディリアーニのヌードの大きな特徴である。

ヘアの表現は、じつは西洋のヌードでは珍しい。それまでのヌードは、股間は手で隠されているか、隠されていないときは、ヘアのないつるつるの肌として表現するのが暗黙のルールとなっていた。

しかしモディリアーニは、そのルールをあえて破った。黒々としたヘアをしっかり描くことで、生身の女性の体を描き出したのだ。

ヘアを描いた画家はほかにもいる。

オランダの画家キース・ヴァン・ドンゲンだ。彼は、《スペインのショール》という絵で、女性のヘアを黒々と描いた。

この絵は、1913年にサロンに出品されているが、猥雑さが問題になって当局に撤去を命じられている。

モディリアーニは、その事件を知っていたはずである。にもかかわらず、個展でヘアを描いたヌード画を飾って、騒ぎを起こした。

警察の権限が乱用されていた

１９１７年10月、モディリアーニはベルト・ヴェイルの画廊ではじめての個展を開くことになった。

一般公開に先立って、特別招待日が盛大に開かれた。店内ではわざと騒々しい音を鳴り響かせ、ショーウィンドーにはヌード画のひとつが飾られた。これらは、客の関心を引くためにズボロフスキーが考えたものだった。

ところが、予想以上に通りの人々の注目を集め、たちまち画廊の周りに黒い人だかりができてしまった。すぐに警官がやってきた。警官はヴェイルに命じた。

「汚物みたいな絵を公衆の面前にさらすな！」

当局にマークされたことで、結局、個展は一日も公開されることなく終わってしまった。これがモディリアーニにとって最初で最後の個展となってしまったのである。

この事件には、いくつもの不運が重なっている。たしかに、ヘア表現は取り締まりのてっとり早い理由にはなった。ヴェイルが警察に尋ねたときも、警察官は口ごもりながらヘアの描写を撤去の理由にあげている。

しかしそれよりも、画廊の正面に警察署があり、騒ぎの一部始終がしっかり見張られていたことが、迅速な撤去命令につながったと見られる。

本来なら警察といえども強制的な措置はとることはできない。ところが、戦時下の1917年は、警察官に法律を自由に行使できる権限が与えられていて、その特別な権限がこの事件では乱用されてしまったのである。

社会的な人脈のなかったモディリアニの悲劇

先のヴァン・ドンゲンのヌードが撤去された事件では、多くの芸術家や文学者が画家を擁護して、画家の名声は逆に高まったが、モディリアーニの場合、社会的な人脈を開拓していなかったので、そうはならなかった。

そもそも戦時中に、外人部隊の兵役にもつかないアル中の在留外国人を公然と擁護することは危険なことだった。

この事件以来、ますます孤立感を深めたモディリアーニは、それから約3年後に世を去っている。そして皮肉にも、命と引き換えに表現の場と名声を獲得したのである。

【PAINTING №10】

【一体どこまでがオリジナルなのか?】

女占い師

作者　ジョルジュ・ド・ラ・トゥール

1636-1639年
油彩、カンヴァス
102×123cm
ニューヨーク
メトロポリタン美術館蔵

3世紀も封印されていた画家

第一次世界大戦中の1915年のこと。

ドイツの美術史家ヘルマン・フォスは、レンヌ美術館に所蔵されていた《生誕》（1648頃）と、ナント美術館所蔵の2作品《聖ペテロの否認》（1650）と《聖ヨセフの夢》（制作年不詳）が、ジョルジュ・ド・ラ・トゥール（1593～1652）というフランスの画家によるものとする論文を発表した。

フォスは、作品中に記されていた署名や、古文書に残されていた画家の名前などをもとに、忘れ去られ、封印されていた17世紀の天才画家をよみがえらせたのである。

ルーヴル美術館の学芸員ルイ・ドモンが1922年にフォスの論文に言及すると、ラ・トゥールの名は美術史家や美術愛好家たちに広まり、年に1点は真作が見つかるようになった。

戦後になって出現した一枚が、《女占い師》である。右端の老婆（女占い師）が、まぬけな顔をした若い男の未来を、大きなコインを用いて占っている間に、男をとりかこむジプシー女たちが窃盗をはたらく様子を描いている。

この絵は、ナンシーに近いソレムという村の旧家ガスティーヌ家が所有していた。当主の甥のセリエが、それがラ・トゥールの作品だと確信し、老舗の画商ジョルジュ・ウィルデンスタインに引き取らせ、ウィルデンスタインは、１９６０年、メトロポリタン美術館に高額で売却することに成功している。

《女占い師》の出現に世間は驚いた。が、まもなく不可解な点がいくつも発見されるようになる。

描き込まれた「クソ」の文字

贋作説の急先鋒に立ったのが、ロンドンのコートールド美術研究所に所属していた美術史家クリストファー・ライトである。

ライトは、右上の署名がほかのどのラ・トゥールの絵のものとも違うと指摘した。

さらに、詳細な衣裳研究の結果、衣裳が17世紀につくられた服ではないことがわかった。老女のショールの模様などは16世紀オランダの画家ヨーズ・ファン・クレーヴの《聖母子》の絨毯からとられていたが、画家がそのような模写をするとは考えられない。

またショールの縦糸と横糸が正しい向きに走っておらず、これも巨匠の描写にしてはお粗末だ、とライトは論じた。

決定的だったのは、左から2人目の女性のレースの襟に、「Merde（メルド）」の文字を発見したことだろう。

「Merde」とは、フランス語で「糞」の意味で、現代のフランスの若者がよく使う言葉だ。17世紀にこの落書きはありえない。

以上の点から、ライトは同作を現代の贋作と断定した。

ところが、贋作と断定できない証拠も出てきた。1879年のガスティーヌ家の財産目録に「一、ジョルジュ・ド・ラ・トゥールの署名入り、《ラ・ボンヌ・アヴァンチュール》という絵画一点」とあったのである。この絵画こそ《女占い師》のことである。

1879年以前の作品である可能性が高まった。では、1879年以前に贋作があったかというと、答えはノーだ。なぜならラ・トゥールは、少なくとも1922年まで存在が知られていなかった画家であり、それ以前に贋作が行われることはありえない。17世紀のラ・トゥールの真作と考えるほかない。

メトロポリタン美術館の主導で修復家や科学者らによる調査も行われたが、絵具の成分はすべて17世紀のものと判明した。

騙されたのは誰なのか？

では、ライトの疑念はどう説明されるのか。

「Merde」の文字については、現代に書き込まれたものと考えられる。絵は、ウィルデンスタイン画廊から売却される前に、画廊専属の画家アルバート・ディオンによって修復されている。ディオン本人は否定したが、彼が書き入れたと推測される。メトロポリタン美術館は、「Merde」を80年代に消去した。

では、署名と衣裳は？　一つの仮説は、ガスティーヌ家からもたらされた絵があまりにも状態が悪く売り物にはならなかったので、ウィルデンスタイン画廊の指示で、ディオンが衣裳を中心に大幅な補筆を行い、誤った署名を描いたというものである。

この仮説にもとづけば、絵は真作だとしても完全なオリジナルではないことになる。そして、ウィルデンスタインが「女占い師」で、騙されて高額で買わされたメトロポリタン美術館が「若い男」ということになる。

【PAINTING №11】

【2013年、頭部が発見された!?】

世界の起源

作者　ギュスターヴ・クールベ

1886年　油彩、カンヴァス
46 × 55cm　パリ、オルセー美術館蔵

※画像は発見されたと騒がれた頭部のもの
http://www.youtube.com/watch?v=Chv1PyTm8ls

リアリズムの極致

19世紀、写実主義の代表的画家、ギュスターヴ・クールベのいわくつきの1枚が、《世界の起源》。裸の女性の股のあいだをクローズアップで切り取り、ほぼ等身大の大きさで即物的に描いた、極めてショッキングな作品である。

この作品を注文したのは、カリル＝ベイという名のトルコの外交官だ。彼は、アングルの《トルコ風呂》（1862）など、好色な作品の蒐集趣味があった。

《世界の起源》のモデルとなったのは、美しいアイルランド女性ジョー・ヒフェルナン（愛称ジョー）という説が有力。クールベの友人で、アメリカ人画家のジェームズ・ホイッスラーの愛人だった女性である。

理由は、クールベがこの時期、ジョーの4枚のポートレートを描いていることと、《世界の起源》の制作直後にホイッスラーと疎遠になっていることだ。

ただ、ジョーは他の作品では赤毛をしているのに、《世界の起源》ではそうはなっていない。これは、クールベがあえて平凡な色にしたのではないか、と見られている。

一方、モデルは、依頼主カリル＝ベイの愛人、ジャンヌ・ドゥ・トゥルベイではないか、という新説も出てきている。

興味深いところでは、ふっくらした腹部の形状から、モデルの女性は妊娠している、と見る専門家もいる。ただ、いずれの説も、はっきりした証拠は示されていない。

風景画で覆い隠していた

《世界の起源》は、表に出ることなく、個人の手を転々としてきた。

カリル＝ベイは、1868年に賭博で破産に追い込まれ、膨大なコレクションが売りに出された。《世界の起源》は、ある骨董家を経て、作家エドモン・ドゥ・ゴンクールの手に渡り、それからパリのギャラリーに売りに出た。それを、ハンガリー人の画家で蒐集家のフランソワ・ドゥ・アトヴァニーが購入し、第二次世界大戦までハンガリー・ブダペストに保管されていた。

ちなみに、この絵はどうどうと飾っておくわけにはいかないので、なんの変哲もないクールべの風景画《ブロニー城》（1875）で覆い隠されていたという。

その後、ブダペスト国立西洋美術館やフランス人精神分析家のジャック・ラカンの手を渡り歩き、一般公開にいたったのは、1988年、ニューヨークのブルックリン美術館でのクール

オルセー美術館に飾られている《世界の起源》に見入る人々

べ作品展のときである。

そして、ラカン夫妻亡き後の1995年、オルセー美術館に収められたが、依然としてスキャンダラスな絵だったので、当初はこの絵のために一室があてがわれ、警備員が監視していたという。いまでは、オルセー美術館でも1、2位を争う、人気作品となっている。

女性の全体像だった？

《世界の起源》をめぐる衝撃が走ったのは、2013年のこと。なんと、《世界の起源》から切り離された、頭部にあたる作品が見つかったというのだ。

フランスの週刊誌「パリ・マッチ」が2013年2月7日に報じた記事によると、発見された絵は、やや半開きの口をして目を閉じる女性の頭部で、匿名のアマチュア・コレクター（仮名ジョン）が、2010年にパリの骨董店で見つけて購入したものだという。彼は、色調からクールベの《世界の起源》の一部だと直観。専門家に鑑定を依頼すると、それは《世界の起源》の一部で、オリジナルの作品はいくつかの部分に切断されていた、と推測されたのである。

さらにクールベ作品に詳しい専門作家ジャン＝ジャック・フェルニエに依頼して、より詳しい調査をしてもらうと、それは紛れもなく《世界の起源》の一部であり、オリジナル作品は120×100㎝の大きさで、女性をもっと全体的に描いた作品だったと推測されたのである。股の間だけを強調した作品ではなかったということだ。

「パリ・マッチ」の記事によると、コレクターのジョンは、それを1400ユーロで購入したが、いまでは、4000万ユーロの価値があると推定している。しかし、オルセー美術館は、この報道について、個人が勝手に鑑定したもので、「空想にすぎない」と関心を示していない。そもそも《世界の起源》のサイズ、46×55㎝は、クールベが当時よく使っていたカンヴァスのサイズだし、頭の位置や彩色の方法も、対応していないという見方を示している。

発見者は匿名。そしてゴシップ誌「パリ・マッチ」の記事。安易に鵜呑みにはできないか……。

おわりに

本書は、拙著『ワケありな映画』『ワケありな名画』『ワケありな本』（いずれも彩図社）から、主要な封印作品をセレクトして再編集したほか、音楽の封印作品、さらに、ここ数年話題となった映画や名画の封印作品を新たに書き加えてまとめたものだ。

思えば、『ワケありな映画』は、東日本大震災直後の混乱が収まらぬなか、2011年5月に発刊いただいた。

そのときとりあげた1本に『原子力戦争』（黒木和雄監督）がある。

本書には収めていないが、この作品は、福島第二原発周辺で起きた心中事件からはじまるフィクションであり、原発をめぐる権力の黒い影を描いた問題作だ。しかし、原発問題はタブー視される傾向にあり、長らくソフト化は封印されていた。

福島第一原発事故直後、世の中の雰囲気として、原発問題はアンタッチャブルな存在になっていた。そこで校了直前、同作品の「ソフト化への道はますます険しくなっている」と補筆した。

が、原発問題のタブーはあちこちで破られていった。その年、主演の原田芳雄さんの他界もあり、DVD化された。同作は、3・11以降、観るべき映画の1本のはずだ。

また、本書に収めた『スパルタの海』『黒部の太陽』も、２０１１年の時点では一般にはソフト化されていなかったが、その後、ＤＶＤ化されている。

『スパルタの海』は体罰問題を扱っていて、いまこそ観るべき映画かもしれない。『黒部の太陽』は、簡単にいえば、発電所建設の物語である。３・11以降、以前とは違った作品に見えるのではないかということは、本文に書いた通りだ。

「封印」というのは絶対的ではない。時代の空気と照らし合わせながら、「封印解除」はいつでも起こり得る。別の言い方をすれば、作品というのは、その時代のあらゆる現象と無関係ではいられないし、刻々とその姿を変えていく。

だから、作品そのものの鑑賞にとどまることなく、作品の周辺で起きた事件、事故、弾圧といった事実からアプローチする本書の方法はとても重要ではないかと思う。

最後に、本書をまとめるにあたり、彩図社の本井敏弘さまには大変お世話になりました。日頃のご理解とご助力に心から感謝いたします。

主要参考文献

《封印された映画》『映画監督スタンリー・キューブリック』（ヴィンセント・ロブロット、浜野保樹・櫻井英里子訳、晶文社）／『時計じかけのオレンジ』（アントニイ・バージェス、乾信一郎訳、早川書房）／『スパルタの海　甦る子供たち』（上之郷利昭、東京新聞出版局）／『ガキ以上、愚連隊未満。』（井筒和幸、ダイヤモンド社）／『別冊映画秘宝 東宝特撮総進撃』（洋泉社）／『円谷英二特撮世界』（勁文社）／『ブラックサンデー』（トマス・ハリス、宇野利泰訳、新潮文庫）／『黒部の太陽 ミフネと裕次郎』（熊井啓、新潮社）／『日本映画史叢書⑪ 占領下の映画 解放と検閲』（岩本憲児編、森話社）／『実録 放送禁止映像全真相』（三才ムック）

《封印された音楽》『ブリティッシュ・ロックの黄金時代』（舩曳将仁、青弓社）／『セックス・ピストルズ・ファイル』（ジェット、シンコーミュージック）／『ジョン・レノンの真実』（ジョン・ウィーナー、高橋結花訳、角川書店）／『禁じられた歌―朝鮮半島音楽百年史』（田月仙、中央公論新社）／『頭脳警察Episode Zero―悪たれ小僧の前奏曲』（PANTA、ぶんか社）／『礫のロシア―スターリンと芸術家たち』（亀山郁夫、岩波書店）／『セルジュ・ゲンスブール ジタンのけむり』（シルヴィー・シモンズ、田村亜紀訳、シンコーミュージック）／『高田渡読本』（音楽出版社）／『桃太郎像の変容』（滑川道夫、東京書籍）／『ユダヤ人音楽家―その受難と栄光』（牛山剛、ミルトス）／『封印歌謡大全』（石橋春海、三才ブックス）／『放送禁止歌』（森達也、知恵の森

《封印された絵画》『ピカソの戦争《ゲルニカ》の真実』（ラッセル・マーティン、木下哲夫訳、白水社）／『モナ・リザへの旅』（中丸明、集英社）／『岩波 世界の美術 モネ』（カーラ・ラックマン、高階絵里加訳、岩波書店）／『タッシェン・ビッグアートシリーズ クリムト』（ゴットフリート・フリードゥル、タッシェン・ジャパン）／『西洋絵画の巨匠8 レオナルド・ダ・ヴィンチ』（池上英洋、小学館）／『アメデオ・モディリアーニ』（キャロル・マン、田中久和訳、PARCO出版局）／『Paris Match』2013.7

《封印された書籍》『小林多喜二と『蟹工船』』（河出書房新社）／『知っ得 発禁・近代文学誌』（國文學編集部編、學燈社）／『余分な人間『収容所群島』をめぐる考察』（クロード・ルフォール、宇京頼三訳、未来社）／『永井荷風 その反抗と復讐』（紀田順一郎、リブロポート）／『続 発禁本』（城市郎、福武文庫）／『谷崎潤一郎伝 堂々たる人生』（小谷野敦、中央公論新社）／『『チャタレー夫人の恋人』裁判 日米英の比較』（倉持三郎、彩流社）／『劉暁波と中国民主化のゆくえ』（矢吹晋・加藤哲郎・及川淳子著訳、花伝社）／『神を殺した男 ダーウィン革命と世紀末』（丹治愛、講談社）／『焼かれた「ちびくろサンボ」人種差別と表現・教育の自由』（杉尾敏明・棚橋美代子、青木書店）／『ちびくろサンボよすこやかによみがえれ』（灘本昌久、径書房）

〈著者プロフィール〉

沢辺有司（さわべ・ゆうじ）

フリーライター。横浜国立大学教育学部総合芸術学科卒業。

在学中、アート・映画への哲学・思想的なアプローチを学ぶ。

編集プロダクション勤務を経て渡仏。パリで思索に耽る一方、アート、旅、歴史、語学を中心に書籍、雑誌の執筆・編集に携わる。現在、東京都在住。パリのカルチエ散歩マガジン『piéton（ぴえとん）』主宰。

著書に『西郷隆盛に学ぶ　最強の組織を作る 100 のルール』『図解　いちばんやさしい哲学の本』『図解　いちばんやさしい三大宗教の本』『ワケありな名画』『ワケありな本』『音楽家 100 の言葉』（いずれも彩図社）、『はじめるフランス語』（学研教育出版）などがある。

JASRAC　出　171030054-01
カバー扉画像：©Route16 - Fotolia.com
帯鍵画像：©starathena

封印された問題作品

平成 30 年 1 月 11 日　第 1 刷

著　者　沢辺有司

発行人　山田有司

発行所　株式会社　彩図社《さいずしゃ》

〒 170-0005　東京都豊島区南大塚 3-24-4 MTビル
TEL:03-5985-8213
FAX:03-5985-8224

印刷所　新灯印刷株式会社

URL：http://www.saiz.co.jp
https://twitter.com/saiz_sha

 ISBN978-4-8013-0273-0 C0195

本書は、平成 25 年 8 月に弊社より刊行された単行本を再編集し、文庫化したものです。